THÉATRE LYONNAIS

DE GUIGNOL

THEATRE

LYONNAIS

DE GUIGNOL

Publié pour la première fois, avec une Introduction & des Notes

LYON

N. SCHEURING, ÉDITEUR

M DCCC LXV

INTRODUCTION

NTRE toutes les formes sous lesquelles l'art dramatique s'est manifesté dans le monde, il n'en est aucune qui ait été plus répandue, plus variée, plus goûtée que les Marionnettes.

Tous les peuples, tous ceux au moins qui ont approché leurs lèvres de la coupe enchantée des beaux-arts, ont eu des marionnettes. On les trouve dans l'antique Egypte, en Grèce & dans le monde romain. Elles font encore le divertissement le plus ordinaire des races sérieuses de l'Orient. Elles ont parcouru toute l'Europe moderne, l'Italie, l'Espagne, la France, l'Angleterre, l'Allemagne, la Scandinavie & les contrées habitées par les peuples slaves. Partout elles se sont établies & ont fait souche.

Elles ont embrassé tous les genres, la comédie, la tragédie, le drame, l'opéra, le ballet; elles ont tout affronté & ont toujours réussi. La critique dédaigneuse & sévère pour les grands comédiens n'a eu pour elles que des tendresses.

Elles ont charmé nos pères au moyen-âge & elles nous charment encore. Leur dernier historien en France, M. Ch. Magnin, commence & termine son livre (1) par une double énumération des hommes illustres qui se sont occupés d'elles, & ses listes sont loin d'être complètes. Aux grands noms de Platon, Aristote, Horace, Marc-Aurèle, Shakespeare, Cervantes, Euler, Molière, qu'il cite avec beaucoup d'autres, on en pourrait ajouter beaucoup encore parmi les anciens & les modernes.

Elles n'ont point obtenu de ces grands personnages une admiration froide & stérile. Plus d'un artiste éminent, plus d'un homme grave leur a prêté son bras & sa voix. Des écrivains d'un grand renom, Lesage, Voltaire, Fielding, Byron, Goethe, ont écrit des comédies à leur usage, & Haydn, dans tout

(1) Histoire des Marionnettes en Europe, depuis l'antiquité jusqu'à nos jours; par Ch. Magnin. Paris, Lévy, 1852, gr. in-8°. — C'est un livre qui a de grandes prétentions & qui laisse beaucoup à désirer.

l'éclat & la maturité de son talent, a composé pour elles cinq partitions.

La faveur qu'elles ont toujours conservée, au moins auprès de certains esprits d'élite, s'est encore accrue dans ces dernières années. Un roman mode..e (1) les a célébrées avec un sentiment profond & vrai de leur poésie. Les théâtres de marionnettes se sont multipliés non-seulement en public, mais dans les salons; &, parmi ceux de cette dernière catégorie, il en est d'aussi recherchés que nos grandes scènes.

Dire les causes de cette vitalité toujours nouvelle des marionnettes n'est point dans notre dessein. Nous n'avons voulu que constater le fait, à l'honneur de l'un de ces petits personnages qui, après avoir fait son apparition première à Lyon, est devenu pour toute la France le type de la marionnette, ou tout au moins d'une espèce particulière de marionnettes. Nous ne devons nous occuper ici que de GUIGNOL.

Il est inutile de faire remarquer que, partout où s'établit cette Thalie populaire des comédiens de bois ou de carton, entre les personnages auxquels elle donne la vie, il ne tarde ..s à s'en élever un qui domine tous les autres. Type des passions & des idées de son temps, type quelquefois des idées

(1) L'Homme de neige, par Georges Sand.

& des mœurs d'un passé qu'on ne voit pas s'effacer sans regret, cet enfant de la Muse réunit toutes les sympathies du public, & il n'y a jamais de bonne pièce quand il n'y paraît pas. Il passe par tous les états, par toutes les conditions de la vie; il se trouve mêlé aux actions les plus diverses. Les merveilles de la mythologie & de la féerie, les faits héroïques de l'histoire des peuples anciens & modernes, les compositions romanesques & les scènes vulgaires de la vie commune l'admettent également. Il se joue des anachronismes, conserve imperturbablement son individualité au travers de toutes les couleurs locales, & résume en lui seul ce mélange de réalisme & de fantaisie qui fait un des charmes de ce spectacle. C'est le représentant de l'humanité, en ce qu'elle a d'absolu, dans les diversités de temps & de lieux. C'est l'homme comme on le voit, ou comme on croit l'avoir vu, ou comme on voudrait le voir.

Chaque peuple a varié ce type suivant ses goûts, & lui a donné un nom. En Italie, Naples a fort popularisé son Pulcinella; mais chaque ville y a aussi son personnage d'affection plus connu encore & plus fêté que le Napolitain. L'Angleterre a Punch, la Hollande Jan Klaassen, l'Autriche Casperle. Polichinelle, importé d'Italie à Paris par les Brioché, a longtemps régné en France; il est aujourd'hui détrôné par Guignol. Presque tous les théâtres de marionnettes s'appellent maintenant en France des théâtres de Guignol. Ce nom est même devenu l'appellation générique de toutes les figurines qui, semblables aux Puppi & aux Pupazzi d'Italie, sont mues simplement par la main de l'artiste cachée sous leurs vêtements, sans addition de fils ou de ressorts, espèce de marionnettes qui, soit dit en passant, par l'étrangeté & la vivacité de ses gestes, a plus de force comique & ouvre un champ plus vaste à l'imagination que les mécaniques plus savantes.

Quelle est donc l'origine de ce Guignol qui règne aujourd'hui en maître sur ce petit peuple de comédiens? C'est de Lyon, cela est bien certain, que Guignol a pris son vol vers Paris & sur toute la France : mais comment & quand s'est-il manifesté à Lyon? y est-il né? y est-il arrivé d'ailleurs? qui lui a donné son nom?

J'ai longtemps cru, & je ne suis pas encore bien persuadé du contraire, que Guignol, comme la plupart de ses camarades de bois, avait une origine italienne. Que les marionnettes, dans leur forme actuelle, soient venues d'Italie en France, cela n'est pas douteux. Polichinelle, Arlequin, Pierrot (Pedrolino), sont Italiens. Le langage spécial de la profession est italien (1). Les premiers joueurs de marionnettes dont on ait gardé le souvenir à Paris, les Brioché, avaient pour véritable nom Briocci, & étaient Italiens suivant toute appa-

---

(1) Le Castelet, il Castelletto, pour désigner la baraque dans laquelle on joue. — A gusto, pour indiquer les scènes laissées à l'improvisation. — &c.

rence. D'autre part, on sait quels ont été dans les derniers siècles les rapports de Lyon avec l'Italie. Au XVI° siècle, on lui reprochait d'être une ville presque tout italienne. (1). Les Piémontais, les Lombards, les Florentins, les Lucquois, y étaient très-nombreux dans la banque, dans la joaillerie, dans l'imprimerie, dans plusieurs professions manuelles. Etienne Turquetti & Barthélemy Naris, qui sont considérés comme les véritables introducteurs à Lyon de l'industrie de la soie au XVI° siècle, étaient Piémontais. Le Chasse Ennuy, recueil d'anecdotes & de bons mots, publié par Louis Garon dans la première moitié du XVII° siècle (2), met en scène plusieurs Italiens habitant Lyon, & c'est à eux qu'il attribue les plus plaisantes facéties. Or, il y a en Lombardie une petite

(1) « Combien ne s'en faut-il que la ville de Lyon ne soit colonie italienne : car, outre ce que bonne partie des habitants sont italiens, les autres du pays se conforment peu à peu à leurs mœurs, façon de faire, manière de vivre & langage. Et à grand peine trouverez-vous dans icelle ville un notable artisan qui ne s'adonne à parler le messeresque ; parce que ces Messires ont cela qu'ils ne font bon visage & n'oyent volontiers sinon ceux qui gazouillent avec leur ramage, tâchant par ce moyen d'acquérir vogue & crédit à eux & à leur langage. » Extrait d'un *Discours contre Nic. Machiavel*, par Innocent Gentillet, célèbre jurisconsulte de Vienne en Dauphiné, publié, en 1571, en latin, & traduit en français, à Genève, en 1576. — Voy. les Notes & Documents sur Lyon, de M. *Péricaud*, année 1571.

(a) *Le Chasse Ennui ou l'honnête Entretien des bonnes compagnies*, par Louis Garon. — Lyon, Cl. Larjot, t. I, 1628, t. II, 1631. — Et Paris, Cl. Grifet, 1633, in-12. — V. les anecdotes relatives à Caussarare, Bernardin de Pistole, &c.

ville nommée Chignolo ; & je me suis souvent demandé s'il n'avait pas existé jadis à Lyon un artisan, un ouvrier en soie peut-être, originaire de cette ville lombarde, qui se serait rendu célèbre par son caractère, par sa gaîté, par ses saillies, & qu'on aurait nommé ordinairement du nom de son pays, comme il est d'usage en France & en Italie, où les ouvriers s'appellent souvent entre eux *Parisien, Bourguignon, Piémontais*, au lieu d'employer le nom de famille (1). Ce qui me rendait cette conjecture plus probable encore, c'est que dans les anciennes pièces de son répertoire, les camarades de notre héros, tout en l'appelant Guignol, ce qui est conforme à la prononciation italienne de Chignolo, l'appellent souvent aussi Chignol, ce qui est conforme à l'apparence écrite du même mot pour un Français.

Toutefois, ce n'est là qu'une conjecture. Je viens d'en exposer les motifs ; je dois ajouter qu'elle est contredite par les traditions actuelles des interprètes les plus autorisés de Guignol. Il faut maintenant faire connaître ces traditions.

On n'a pas souvenir de l'existence de Guignol à Lyon avant les dernières années du XVIIIe siècle. C'est un Lyonnais, Laurent Mourguet, dont je parlerai plus amplement tout à

---

(1) Beaucoup d'artistes sont célèbres en Italie, sous le nom de leur ville natale ou de la ville dans laquelle ils ont le plus travaillé, tandis que leur nom de famille est à peu près inconnu. — Ainsi, l'architecte *Vignole*, dont le nom était Giacomo Barozzi ; les peintres *Corrège*, Antonio Allegri ; *Caravagio*, Polidoro Caldara ; *Sassoferrato*, Giov. Battista Salvi ; etc.

l'heure, qui lui a donné toute sa célébrité. Mourguet, lorsqu'il avait monté son premier théâtre, avait, comme ses confrères d'alors, pris pour personnage principal, pour protagonista, comme on dit en Italie, l'éternel Polichinelle. Mais Mourguet, qui était un homme de beaucoup d'esprit & de gaîté, avait pour voisin, dans le quartier Saint-Paul, un canut de la vieille roche, aussi gai, aussi spirituel que lui, qui était devenu son confident & son Egerie. Il ne lançait jamais une pochade sans en avoir fait l'essai sur ce censeur, & comme le compagnon était non-seulement un fin connaisseur, mais encore un esprit fécond en matière de facéties, Mourguet rapportait toujours de ces communications un bon conseil & quelque trait nouveau, qui n'était pas le moins original de la pièce. Quand le vieux canut avait bien ri, & qu'il donnait sa pleine approbation, il avait coutume de dire: « C'est guignolant! » ce qui, en son langage, dans lequel il était souvent créateur, signifiait: C'est très-drôle, c'est très-amusant! C'est à ce mot suprême que Mourguet reconnaissait son succès, &, quand le jugement avait été ainsi formulé, il portait sans crainte son œuvre devant le public.

Or, Mourguet, dans les pièces qu'il représentait à Lyon, avait été amené par la force des choses à introduire souvent un ouvrier en soie. Pour faire parler ce personnage, il était impossible que les idées, les facéties, l'accent de son vieil ami ne lui vinssent pas sans cesse à l'esprit & à la bouche. Le « C'est guignolant » se reproduisait plus d'une fois & était fort goûté. Un type aussi lyonnais & aussi gai devait bientôt avoir toute la faveur à une époque où les traditions locales étaient encore si vivaces. GUIGNOL, c'est le public lui-même qui lui donna ce nom, devint bientôt pour Lyon le personnage indispensable de cette littérature, celui qu'on veut revoir toujours & partout à travers les transformations du drame. Polichinelle, jadis son supérieur, fut tout à fait délaissé & devint une sorte de régisseur qui annonçait la pièce, mais qui n'en était plus le héros. Il n'a pas même conservé cet emploi subalterne & a tout à fait disparu d'une scène où il avait cessé de régner.

Depuis ce temps, Mourguet a développé ce type de Guignol dans une longue série de pièces, en lui conservant toujours son costume, celui des ouvriers lyonnais de la fin du siècle dernier, son accent qui est aussi lyonnais de la même époque, sa bonne humeur & son originalité d'esprit. Le caractère de ce personnage est celui d'un homme du peuple : bon cœur, assez enclin à la bamboche, n'ayant pas trop de scrupules, mais toujours prêt à rendre service aux amis; ignorant, mais fin & de bon sens; qui ne s'étonne pas facilement; qu'on dupe sans beaucoup d'efforts en flattant ses penchants, mais qui parvient presque toujours à se tirer d'affaire.

La carrière dramatique de Mourguet a été longue. Le premier théâtre permanent où il se soit montré paraît être celui qu'il ouvrit dans la rue Noire, qu'il vendit enfuite à un M. Verfet & qui a été longtemps une des Crèches (1) les plus appréciées de Lyon. Il joua enfuite dans la rue des Prêtres, dans la rue Juiverie, aux Brotteaux dans la Grande-Allée (2), près du lieu où l'on a vu plus tard le Café du Grand-Orient, & enfin, un peu plus loin, au Jardin Chinois. Il avait là pour aide & pour compagnon une autre célébrité des rues de Lyon, le père Thomas, dont le nom véritable était Ladray & dont le portrait fe trouve avec quelques indications dans le Lyon vu de Fourvières (3). Il tranfporta enfuite fon théâtre dans différentes villes des départements voifins & fixa enfin fon dernier établiffement à Vienne, en Dauphiné, où il mourut en 1844, à l'âge de 99 ans, encore entouré de fes chères marionnettes.

Il avait toujours eu l'amour de fon art; il l'avait infpiré aux fiens, & l'infpiration eft reftée dans fa poftérité.

Son fils Jacques Mourguet a longtemps fait, à l'aide de

---

(1) Les Crèches font, à Lyon, des fpectacles de marionnettes qui commencent ordinairement par la repréfentation de quelques fcènes du Nouveau Teftament, & notamment de l'étable de Bethléem. C'eft un refte de nos anciens myftères. Le père & la mère Coquard, qui parlent le langage lyonnais, y figurent indifpenfablement parmi les adorateurs de l'enfant Jéfus, y chantent un couplet connu de tous les Lyonnais, dans lequel il eft queftion de nos brouillards, & y adreffent aux jeunes fpectateurs une éloquente exhortation à fe bien conduire, afin que leurs parents les ramènent à la crèche.

(2) Aujourd'hui le cours Morand.

(3) *Lyon vu de Fourvières.* — Lyon, Boitel, 1833, in-8°, p. 48.

Guignol, la fortune du Café du Caveau sur la place des Célestins, à Lyon. Il a aussi joué à Grenoble & à Marseille. Il a eu un fils qui a porté en Algérie notre marionnette lyonnaise.

Laurent Mourguet avait aussi une fille, Rosalie, qu'il avait mariée à un autre impresario, Louis Josserand, très-habile comme lui dans l'art des marionnettes. Josserand a eu quelque célébrité à Paris, sur le boulevard du Temple. Il jouait au Théâtre des Pantagoniens du sieur Maffay (1), & il a apporté aux ombres chinoises de notables perfectionnements. De son mariage avec Rosalie Mourguet, sont nés deux fils, Louis & Laurent, qui sont restés fidèles aux traditions & à l'art de leurs pères.

Louis, après avoir joué avec son frère, tient seul un des castelets de Lyon.

Laurent a épousé la fille de Victor-Napoléon Vuillerme-Dunand, aujourd'hui le plus complet, le plus original, le plus fidèle interprète de Guignol; & il a su donner lui-même au personnage de GNAFRON, le joyeux compagnon de notre héros, une popularité presque égale à l'illustration de celui-ci. C'est par ces deux artistes, le beau-père & le gendre, que notre marionnette, un peu délaissée pendant quelques années, a retrouvé les beaux jours du père Mourguet & étendu sa

---

(1) V. *Histoire des Marionnettes*, de Ch. Magnin, p. 174.

réputation bien au-delà des limites de notre province. Qui n'a entendu au café-Condamin de la rue Port-du-Temple (1) Guignol aux mains de Vuillerme, & Gnafron aux mains de Josserand dans le Déménagement, dans un Dentiste, dans les Frères Coq, n'a qu'une idée incomplète de la verve, de la gaîté, de l'esprit qui se dépensent avec une intarissable prodigalité dans nos divertissements populaires.

Ces dignes successeurs de Mourguet ont beaucoup augmenté & augmentent chaque jour le répertoire du fondateur. Ce répertoire est fort étendu & se compose d'éléments très divers.

Il comprend d'abord, comme cela a toujours été en usage parmi les marionnettes, plusieurs parodies ou imitations de pièces jouées sur d'autres théâtres. Les parodies proprement dites, qui ont été très en faveur chez les marionnettes de Paris au siècle dernier (2), sont rares dans le répertoire lyonnais; mais il y existe un certain nombre d'imitations & de transformations de comédies anciennes ou de vaudevilles plus modernes. Elles présentent en général un intérêt médiocre : quelques-unes cependant ont retrouvé, en passant d'une scène à l'autre, une véritable originalité, & pourraient être conservées.

D'autres ont été empruntées au théâtre de la Foire, aux ré-

---

(1) Jadis rue Ecorchebœuf.
(2) V. l'Histoire des Marionnettes, de Ch. Magnin, p. 156 & suiv.

pertoires des marionnettes de Paris, à ceux d'Italie & d'Allemagne. Je lis dans le livre de Ch. Magnin (1) qu'au commencement de ce siècle on jouait en Allemagne, avec un succès de vogue, un drame romanesque de Geißelbrecht, qui portait le titre bizarre de la Princesse à la hure de porc. Or, il y a au répertoire lyonnais une féerie intitulée, la Tête de Cochon ou la Fée aux Fleurs, dont le canevas est très-probablement le même. A certaines indications de lieux & de choses, on reconnaît aussi dans plusieurs autres pièces une origine étrangère. Toute cette catégorie est riche en pièces amusantes, & il serait intéressant de comparer les manuscrits de nos impresari avec les publications de cette nature qui ont été faites dans ces dernières années en Allemagne.

Mais la partie de ce répertoire, incomparablement la plus précieuse pour nous, se compose des pièces vraiment lyonnaises, de celles qui appartiennent en propre à Laurent Mourguet & à ses successeurs. Il n'était pas rare jadis de rencontrer en France, comme on le voit encore en Italie, des artisans qui avaient reçu une véritable éducation littéraire & qui conservaient le goût des lettres au milieu de leurs occupations manuelles. C'est sans doute une telle éducation qu'avait reçue Mourguet. Suivant les traditions de la famille, il composait ses pièces lui-même, sans autre collaboration que celle du vieil

---

(1) Histoire des Marionnettes, p. 313.

ami auquel il communiquait ses canevas. Il empruntait souvent à quelque ouvrage déjà connu l'idée principale de son œuvre, mais ce n'était là qu'un thème sur lequel il tissait une action originale. Les pièces les plus populaires, celles qui ont encore aujourd'hui le plus de succès, viennent de lui, &, à travers les nombreuses transformations qu'elles ont subies, elles gardent un cachet qui les rend très-reconnaissables.

C'est cette portion originale de la comédie guignolesque que nous voudrions sauver de l'oubli, en en publiant quelques échantillons, comme l'ont fait nos voisins pour leurs marionnettes nationales. Ces petites productions, encore si goûtées aujourd'hui, sont cependant menacées d'une disparition prochaine. Mourguet avait-il écrit ses pièces ? On l'ignore, & il n'est point resté de manuscrits qui puissent lui être certainement attribués. Les théâtres de Guignol n'ont commencé à avoir de manuscrits proprement dits qu'au jour où l'administration municipale a exigé que les pièces lui fussent soumises avant la représentation. Ces manuscrits eux-mêmes ne contiennent que de simples canevas. Le répertoire de toutes les marionnettes du monde appartient au genre que les Italiens nomment Commedia dell'arte. Appelée à égayer le salon & la rue, la Muse légère qui préside aux burattini de toute espèce, ne peut leur tracer à l'avance qu'une voie large dans laquelle chaque récitateur aura, suivant le temps & le lieu, la plus grande liberté de mouvement. L'écriture ne conserve jamais de ses œuvres que le deſſin général, avec une petite partie des facéties retenues par la tradition. La mémoire de l'artiſte eſt chargée de les compléter, & ſon imagination ne manque pas d'improviſer fréquemment des ornements nouveaux. Il n'en eſt pas autrement du répertoire de Guignol. Et encore les canevas de ce théâtre qui exiſtent dans le domaine public ſe modifient-ils inceſſamment. Mourguet ne conſervait pas ſes pièces en propriétaire jaloux; il lui importait peu qu'un autre les jouât; il était bien ſûr que perſonne ne les jouerait avec ſa verve & ſon inimitable accent. Auſſi, même de ſon vivant, étaient-elles jouées par d'autres artiſtes à qui il les avait communiquées ou qui lui avaient ſervi d'aides. Ses enfants & petits-enfants les ont jouées, ſans s'en diſputer la propriété, & d'après les traditions de la famille, chacun d'eux y mettant d'ailleurs ſon cachet. L'œuvre primitive a ainſi forcément ſubi des additions, des retranchements, des modifications ſans nombre, & elle a reçu l'empreinte d'époques très-différentes, ce qui, à la vérité, convient pleinement à ce genre dramatique où l'anachroniſme égare doucement l'eſprit du ſpectateur dans les domaines de la fantaiſie.

A ce travail des marionnettiſtes de profeſſion eſt venu ſe joindre celui des amateurs. A Lyon comme à Paris, comme en Italie, les marionnettes de ſociété ont voulu vivre & ont vécu à côté des marionnettes de la rue & du café. Ce divertiſſement a le privilége d'appeler à lui tous les arts. Le peintre, le sculpteur, le musicien, l'improvisateur y trouvent leur plaisir & leur succès. Aussi plus d'une réunion d'artistes, plus d'un salon a eu son théâtre Guignol ; & là encore ce sont les pièces de Mourguet qui ont été les plus fêtées. Mais là aussi, & il n'est pas besoin de dire pourquoi, elles ont subi d'innombrables modifications. Des additions parfois fort heureuses, des retranchements heureux aussi ont été motivés ou même nécessités par le milieu dans lequel on récitait. Au travers de tout cela, il nous a fallu choisir & les pièces & les leçons qui se prêtaient le mieux à une publication.

Parmi les pièces, nous avons élagué celles qui ne sont que l'adaptation pure & simple au théâtre Guignol d'ouvrages tirés d'un autre répertoire. Dans celles appartenant en propre aux marionnettes, nous nous sommes abstenu de reproduire les féeries, comme trop compliquées de machines pour être représentées dans les salons & comme moins jolies en général que les petites comédies.

Quant aux textes, nous avons dû nous préoccuper de la diversité du public auquel s'adresse une publication semblable. M. Vuillerme a mis ses manuscrits à la disposition de l'éditeur d'un théâtre qui lui a valu de si brillants succès. Nous avons consulté aussi ceux d'un salon très-lyonnais où la comédie guignolesque était, il y a quelques années, en grande faveur. La combinaison de ces documents a donné les textes qui sont aujourd'hui publiés. Sans sortir des bornes d'un ca-

nevas proprement dit, on a tâché d'y indiquer quelques-unes des facéties qui font encore rire aujourd'hui nos enfants, après avoir bien égayé leurs grands-pères.

Notre deſſein principal a été de conſerver des ſouvenirs lyonnais, de ne pas laiſſer périr, ſans qu'il en reſte quelque trace, un genre de littérature populaire qui, bien modeſte en apparence, a exercé & peut exercer encore une bonne influence. Caſtigat ridendo mores, diſait-on jadis de la grande comédie. Je ne ſais pas bien ce que la comédie corrigeait à Athènes & à Rome; je ne ſais pas ce qu'elle corrige & ce qu'elle a la prétention de corriger aujourd'hui. Ce que je ſais, c'eſt que j'aurais pour l'éducation du peuple encore plus de confiance à Guignol qu'à la plupart de nos grands auteurs dramatiques du jour.

Il nous reſte à raſſurer nos lecteurs ſur un point délicat. Le ſel de la vieille Gaule abonde, & en excellente qualité, dans les pièces de Mourguet. Mais il le prodiguait trop parfois, &, pour employer l'expreſſion d'un fantaiſiſte moderne, il lui arrivait de renverſer la ſalière. Cela lui arrivait rarement quand il repréſentait devant le peuple qui, à Lyon, eſt aſſez ſuſceptible en pareille matière; mais il recherchait plus ſouvent cette ſorte de ſuccès quand il avait pour ſpectateurs des lettrés, des hommes de profeſſions libérales, beaucoup moins difficiles ſur ce point, au moins au commencement de notre ſiècle. La mémoire des amateurs a retenu quelques traits de cette espèce. Il faut rendre cette justice à Mourguet, d'abord qu'il en faisait usage discrètement, &, de plus, qu'il savait les aiguiser d'une façon particulièrement fine, en leur ôtant toute grossièreté apparente. Nonobstant toutes ces qualités, il n'y a aucune bonne raison pour les conserver, & nous n'en avons conservé aucun.

THÉATRE LYONNAIS

DE GUIGNOL

LES COUVERTS VOLÉS

PIÈCE EN DEUX ACTES

PERSONNAGES :

CASSANDRE, *riche propriétaire.*
GUIGNOL, *son domestique.*
SCAPIN, *ancien valet (mauvais drôle).*
Le Bailli.
Le Brigadier.
Un Gendarme.
Le Génie du bien.

LES COUVERTS VOLÉS
PIÈCE EN DEUX ACTES

ACTE PREMIER.
Un village : sur l'un des côtés, l'entrée du château de M. Cassandre.

SCÈNE PREMIÈRE.
CASSANDRE, sortant de son château.

JE suis dans un embarras mortel. Je donne aujourd'hui, pour l'anniversaire de ma naissance, un dîner de quarante couverts. J'ai invité toute la haute bourgeoisie des environs, & voici que mon cuisinier est malade depuis hier... impossible à lui de se mettre à ses fourneaux... Je ne vois qu'un moyen de me tirer d'affaire, c'est de prier mon ami Orgon, de me prêter son chef pour aujourd'hui ; il ne doit pas être occupé puisque Orgon dîne chez moi. Je m'en vais y envoyer de suite mon domestique Guignol. (*Il appelle.*) Guignol ! Guignol !

GUIGNOL, de l'intérieur.

Borgeois !

CASSANDRE.

Viens ici, viens vite.

GUIGNOL, de même.

J'y vas, borgeois. Je choisis la salade ; j'y sors les petites limaces.

CASSANDRE.

Arrive donc, lambin.

SCÈNE II.

CASSANDRE, GUIGNOL.

GUIGNOL, entrant.

Me v'là, borgeois.

CASSANDRE.

Je t'ai dit plusieurs fois de ne pas m'appeler comme cela : borgeois !.. c'est d'un commun qui ne convient pas à une maison comme la mienne. Appelle-moi : Monsieur... Oui, Monsieur ! Non, Monsieur !.. Je veux faire de toi un domestique comme il faut ; mais j'ai bien de la peine. Fais au moins attention à ce que je te dis.

GUIGNOL.

Oui, borgeois... (*se reprenant*), oui, M'sieu.

CASSANDRE.

Tu sais que j'ai aujourd'hui un dîner de quarante couverts & que Laridon est malade.

GUIGNOL.

Oui... Ah! je vous vois venir; vous voulez que je le remplace... c'est moi qui va tourner la broche.

CASSANDRE.

Toi! ce serait joli. Tu es bon à faire la cuisine aux bêtes.

GUIGNOL.

Ah!... je vous ai bien fait l'autre jour une bonne soupe mitonnée.

CASSANDRE.

Une soupe, & un dîner de quarante couverts, c'est différent!... Tu connais bien mon ami Orgon?

GUIGNOL.

Monsieur Ogron?

CASSANDRE.

Orgon.

GUIGNOL.

Oui, oui, je le connais! un gros pâté qui a un petit nez!

CASSANDRE.

Tu vas aller chez lui, & tu le prieras de me prêter son cuisinier pour mon dîner d'aujourd'hui.

GUIGNOL.

Faudra-t-il l'apporter?

CASSANDRE.

Je préfume qu'il aura bien l'efprit de marcher tout feul.

GUIGNOL.

Ah! c'eft que l'autre jour vous m'avez envoyé chercher une cuifinière qui était en ferblanc, j'ai cru que c'était de même.

CASSANDRE.

Tu es bien bouché, mon pauvre Guignol. Ce que je t'ai envoyé chercher l'autre jour, c'eft un inftrument de cuifine. Aujourd'hui il s'agit de François, le cuifinier d'Orgon... Puis, comme je veux fimplifier l'ouvrage de la maifon, il me faudra prendre quelques plats tout faits. Tu fais bien le pâtiffier qui eft fur la grande place, à droite. (*Il fait un gefte de la main droite.*)

GUIGNOL, qui eft en face de lui, fait un gefte du même côté avec la main gauche.

A droite!... Non, à gauche!

CASSANDRE, répétition du geste.

Mais non, à droite.

GUIGNOL, idem.

Mais, borgeois, c'eft à gauche. — Voilà bien ma main gauche? c'eft de ce côté.

CASSANDRE, le faisant tourner & lui prenant la main droite.

Tourne-toi. C'est de ce côté, n'est-ce pas? Eh bien, c'est à droite.

GUIGNOL.

Ah, oui, à droite. (*Se retournant.*) Mais à présent c'est à gauche.

CASSANDRE.

Enfin, chez le pâtissier de la grande place... Tu le connais?

GUIGNOL.

Oui, borgeois... Oui, m'sieu.

CASSANDRE.

Tu lui diras de m'apporter pour cinq heures précises, tout ce que je vais te détailler... Fais bien attention.... 1° Un gâteau de Savoie.

GUIGNOL.

Il fait donc des gâteaux avec sa voix, le pâtissier!.. je croyais qu'il les faisait avec de la pâte.

CASSANDRE.

Tu es bête!... un gâteau de la Savoie.

GUIGNOL.

Mais, borgeois, il n'y a plus de Savoie à présent : ils sont greffés, les Savoyards.

CASSANDRE.

Qu'importe! c'est un nom qu'on donne à une espèce

de gâteau ; il faura ce que cela veut dire. — 2° Un pâté de Chartres.

GUIGNOL.

Un pâté de chatte !... Oh ! je ne pourrai pas manger de chat ; j'aime trop les petits mirons.

CASSANDRE.

Ce n'eſt pas de chatte, c'eſt de Chartres : c'eſt le nom d'une ville de France. Tu lui demanderas un grand pâté avec une cheminée.

GUIGNOL.

Faudra ben qui foye grand pour qu'il y mette une cheminée... faudra qui foye grand comme une maifon.

CASSANDRE.

La cheminée, c'eſt cette carte qu'on met au milieu du pâté.

GUIGNOL.

Une cheminée de carte ! elle prendra feu tout de fuite.

CASSANDRE.

3° Des œufs à la neige... chauds.

GUIGNOL.

Allons, bon ! v'là le borgeois qui perd la boule... je vas chercher un fiacre pour lui faire monter le Chemin-Neuf(1).

(1) C'eſt-à-dire pour le conduire à l'Antiquaille, à l'hofpice des aliénés.

CASSANDRE.

Qu'est-ce que tu dis?

GUIGNOL.

Vous n'y pensez pas, borgeois! vous dites des œufs à la neige chauds. Si y fait chauffer la neige, elle fondra, & vous n'aurez plus que du bullion.

CASSANDRE.

Mais ce n'est pas de la neige véritable.... des œufs à la neige sont des œufs que l'on bat... (*Il fait le geste de battre des œufs*) jusqu'à ce qu'ils ressemblent à de la neige.

GUIGNOL.

Ah!

CASSANDRE.

4° Des biscuits de Reims.

GUIGNOL.

Des biscuits qui aient été à la plate [1]?

CASSANDRE.

Mais non; Reims, c'est encore le nom d'une ville de France.

GUIGNOL.

Une ville où on se fiche des rincées.

CASSANDRE.

Tu lui demanderas: 5° quatre mendiants.

[1] *Plate*; bateau à laver.

GUIGNOL.

Si vous vouliez quatre mendiants, fallait donc le dire ce matin; n'y aurait pas eu besoin d'aller chez le pâtissier... y en a plus de vingt qui ont sigrolé[1] la sonnette.

CASSANDRE.

On appelle quatre mendiants: les noix, les noisettes, les amandes, les raisins secs. On les appelle mendiants, parce que cela demande à boire.

GUIGNOL.

Ah! ben, moi, je ferais ben un bon mendiant, parce que je demande souvent aussi à boire.

CASSANDRE.

Enfin, tu lui commanderas: 6° huit douzaines de pâtisseries assorties... mais des pâtisseries cuites du jour.

GUIGNOL.

Si elles ont été cuites de nuit, vous n'en voulez pas.

CASSANDRE.

Ce n'est pas cela que je veux dire... des pâtisseries fraîches, qui n'aient pas été dans sa montre.

GUIGNOL.

Faudrait ben qu'elle soye grande sa montre, pour qu'il y mette ses pâtisseries dedans.

CASSANDRE.

Mais, ignorant, tu ne sais donc pas ce que c'est que la montre d'un pâtissier?

---

[1] *Sigroler;* agiter, ébranler.

GUIGNOL.

La montre d'un pâtissier, c'est comme celle d'un perruquier... c'est ce que vous mettez dans votre gousset & qui fait tic toc, tic toc.

CASSANDRE.

On appelle cela une montre en effet; mais on appelle aussi une montre l'endroit où les pâtissiers exposent leur marchandise. Tu sais bien quand tu passes dans la rue Saint-Dominique, quand tu regardes toutes les gourmandises derrière une vitre ? c'est ça une montre.

GUIGNOL.

C'est une montre qu'on ne met pas dans son gousset, mais dans sa corniole (1).

CASSANDRE.

Tu lui demanderas tout cela pour 40 personnes.

GUIGNOL, à part.

Je demanderai pour cinquante; y m'en restera davantage.

CASSANDRE.

Te souviendras-tu bien de tout?

GUIGNOL.

Oui, oui.

CASSANDRE.

Allons, répète un peu ta leçon.

(1) Dans son gosier.

GUIGNOL.

Ma leçon !... yz, a, za ; yz, é, zé ; yz, i, zi....

CASSANDRE.

Qu'eſt-ce que tu dis là ?

GUIGNOL.

Je dis la leçon que vous m'avez fait apprendre ce matin.

CASSANDRE.

Ce n'eſt pas cela... répète-moi ce que je viens de te dire, ce que tu dois demander au pâtiſſier.

GUIGNOL.

Ah ! tout de ſuite !... un gâteau de Savoyard annexé, avec une cheminée... des œufs de chatte dans de la neige.

CASSANDRE.

Mais non, mais non !... (*Guignol répète ainſi ridiculement plusieurs des objets commandés par Caſſandre & eſt repris par lui*) (1). Tiens, vois-tu, j'y renonce ; tu es incorrigible. Je te donnerai cela par écrit... Le plus preſſé eſt d'aller demander à Orgon ſon cuiſinier.

GUIGNOL.

J'y vais.... Mais, dites donc, not' maître, prêtez-moi cent ſous, s'il vous plaît.

---

(1) Cette énumération du menu de M. Caſſandre eſt une de ces ſcènes *ad libitum* qu'on peut prolonger & varier indéfiniment. Les quolibets ci-deſſus ne sont cités que comme exemples parmi ceux que Guignol improviſe à chaque repréſentation, ſuivant le temps & le lieu.

CASSANDRE.

Pourquoi ?

GUIGNOL.

C'est que je dois quatre francs dix sous au marchand de tabac sur la place; je n'ose plus passer devant sans le payer... ça me fait faire un grand détour.

CASSANDRE.

Mais, je t'ai donné vingt francs l'autre jour sur tes gages.

GUIGNOL.

Je les ai mis à la caisse d'épargne. (*A part.*) Seulement ce jour-là le bureau de la caisse d'épargne était établi chez le cabaretier.

CASSANDRE.

Je vois avec plaisir que tu deviens économe. Tiens (*il lui donne de l'argent*), & reviens vite.

GUIGNOL.

Oui, borgeois... oui m'sieu. (*Il s'en va en répétant:*) Des œufs chauds comme la neige... des pâtisseries dans une horloge, &c...

SCÈNE III.

CASSANDRE, seul.

Je crois que je finirai par en faire quelque chose de ce pauvre Guignol.... Mais il y a encore bien à faire....

Allons vite donner mes ordres pour mon dîner; ma maison est aujourd'hui fort désorganisée..(*Il rentre.*)

SCÈNE IV.

SCAPIN, entrant précipitamment du côté par lequel Guignol est sorti.

Je viens de voir passer là tout près le nommé Guignol, celui qui servait avec moi chez M. Mont-d'Or, & dont la déposition m'a fait condamner il y a cinq ans. Est-ce qu'il est placé dans ce village?... Ah! par exemple, celui-là, si je puis lui jouer un tour, aussi vrai que je m'appelle Scapin, je ne le manquerai pas.... Mais il faut vivre en attendant. Je viens d'apprendre que M. Cassandre cherche un cuisinier pour aujourd'hui... Je ne suis pas bien fort en cuisine, mais avec de l'esprit... Je vais me présenter. (*Il sonne.*)

SCÈNE V.

SCAPIN, CASSANDRE.

CASSANDRE, entrant.

Que demandez-vous, Monsieur?

SCAPIN.

C'est à Monsieur de Cassandre que j'ai l'honneur de parler?

CASSANDRE.

A lui-même. Que puis-je pour vous?

SCAPIN.

On m'a dit, Monsieur, que vous aviez besoin d'un chef & je venais vous offrir mes services.

CASSANDRE.

Vous êtes bien instruit. J'ai en effet aujourd'hui un diner de quarante couverts, & mon cuisinier est malade. Vous savez faire la cuisine? Où avez-vous servi?

SCAPIN.

Je puis présenter à Monsieur les plus belles références. J'ai travaillé chez M. de Montmorency & chez M. de Talleyrand, & j'ai dirigé quelques dîners au congrès de Vienne en 1815.

CASSANDRE.

Quelle trouvaille!... Vous savez apprêter une sole normande, un plum-poudding anglais?

SCAPIN.

Oh! Monsieur, ce sont là des enfantillages. Je vous servirai une charlotte norwégienne, des écrevisses à la japonnaise, & des artichauts sauce grenouille... Je me recommande à Monsieur pour la cuisine à la broche, dont Monsieur apprécie sans doute l'immense supériorité sur la cuisine au fourneau. Le petit four est aussi un de mes triomphes.

CASSANDRE.

Oh! c'est délicieux! Quels gages me demandez-vous?

SCAPIN.

Pour avoir l'honneur de travailler chez Monsieur, je ne lui demanderai que douze cents francs.

CASSANDRE.

C'est beaucoup.

SCAPIN.

Oh! Monsieur verra mes talents. Si Monsieur veut d'ailleurs m'employer pour son dîner d'aujourd'hui, je suis certain que nous nous arrangerons ensuite.

CASSANDRE.

Comment vous appelez-vous?

SCAPIN.

Brochemar.

CASSANDRE.

(*A part.*) Il est vraiment très-bien ce Brochemar, il s'exprime avec beaucoup d'élégance : il doit avoir servi dans de grandes maisons... (*Haut.*) Allons! c'est entendu! je vous retiens pour mon dîner, & si je suis content de vous, je vous engage... Venez, nous n'avons point de temps à perdre, je vais vous installer à vos fourneaux. (*Ils entrent au château.*)

SCÈNE VI.

GUIGNOL, seul.

(*A la cantonnade.*) Adieu, Mamselle Benoîte! au

revoir, Mamſelle Benoîte ! Eſt-elle cannante⁽¹⁾, eſt-elle cannante, Mamſelle Benoîte ! Elle a deux yeux bleus qui ſont ouverts, qui brillent comme un ver luiſant, & grands comme ça... (*Il montre avec ſes mains la grandeur des yeux de Mlle Benoîte.*) Oh ! je n'ai jamais vu deux yeux auſſi jolis que ceux-là... Oh ſi, ſi : j'en ai vu un à Brindas, & l'autre à Margnoles... Mais je m'amuſe ici... Le borgeois va me gronder, d'autant plus que je lui amène pas le cuiſinier de M. Orgon ; il s'eſt fait une entorſe.

SCÈNE VII.

SCAPIN, GUIGNOL.

SCAPIN, à la cantonnade.

Oui, Monſieur, je vais acheter les épices qui me ſont néceſſaires. Je réponds à Monſieur d'être prêt pour l'heure.

GUIGNOL.

Qu'eſt-ce donc que ce particulier qui ſort de chez le borgeois ?... J'ai vu cette tête ſur les épaules de quéqu'un... il marque mal... Je ne me trompe pas ;... c'eſt ce nommé Eſcarpin qui était avec moi chez M. Mont-d'or & qui a marché ſur ſon argenterie... Eſt-ce qu'il vient faire quelque eſcamotage chez le papa Caſſandre ?... Ah ben par exemple ! Je vais le dégraboler d'ici.

(1) *Cannant, cannante;* agréable.

(*Il le saisit & l'amène vers la bande*). Viens voir ici, beau merle !

SCAPIN, cherchant à l'éviter.

Que voulez-vous ? je ne vous connais pas.

GUIGNOL.

Moi je te connais... je me souviens quand on t'a arrangé comme une bardoire⁽¹⁾; on t'avait attaché par la patte... Te viens voir par ici s'y a queque chose à soupeser... on t'a donc lâché, vieux?...

SCAPIN.

Je ne sais ce que vous voulez dire. Laissez-moi.

GUIGNOL.

Non, non; te parlais tout à l'heure avec le papa Cassandre... je ne veux pas que tu lui fasses la barbe... je vas l'avertir. (*Il se dirige vers le château.*)

SCAPIN, vivement.

Guignol !

GUIGNOL.

Ah ! ah ! te ne me connais pas, & te sais comme je m'appelle !

SCAPIN.

Guignol, ne me perds pas, je t'en supplie... j'ai été plus malheureux que coupable... tu le sais.

(1) *Bardoire;* hanneton.

GUIGNOL.

Oui ! & ces couverts que t'avais dans ta poche, ils y étaient donc venus tout feuls ?

SCAPIN.

Un hafard fatal !

GUIGNOL.

Oui, te les as pris par hafard, & te les as gardés par occafion.

SCAPIN.

Je t'affure que j'ai le plus grand regret de ce qui eft arrivé, & que j'ai changé complètement de conduite. Garde-moi le fecret du paffé, & ne me fais pas perdre la place que je viens d'obtenir chez M. Caffandre.

GUIGNOL.

(*A part.*) Au fait, il a p't-être changé. Faut avoir pitié du pauvre monde. (*Haut.*) Te me promets que te ne mettras pas la patte fur les piftoles du papa Caffandre ?

SCAPIN.

Je te le jure. Tiens, voilà ma main.

GUIGNOL.

Ah ! non, non, ne me touche pas. Tu as eu la fièvre de *raptamus;* ça fe prend p't-être ça. Ecoute, je ne dirai rien; mais je te promets que je te foignerai, & si je vois quelque chose de louche, je te fais flanquer à la porte. (*A part.*) Voilà un gone [1] que je vais lui veiller plus les mains que les pieds.

SCAPIN.

Merci, Guignol. M. Cassandre m'a pris pour cuisinier; je te promets de te bien traiter. (*A part.*) Si je peux te faire pendre!... (*Il sort du côté du village.*)

SCÈNE VIII.

GUIGNOL, CASSANDRE.

GUIGNOL.

J'ai p't-être tort; mais c'est un pauvre diable tout de même, & ça me ferait de peine de lui empêcher de travailler.

CASSANDRE, entrant.

Eh! bien, Guignol, le cuisinier d'Orgon?

GUIGNOL.

M. Orgon m'a dit qu'il était bien fâché, mais que son cuisinier avait une entorse & ne pouvait pas venir.

CASSANDRE.

Allons! ce n'est qu'un demi-malheur. J'ai trouvé quelqu'un qui fera, je crois, parfaitement mon affaire. (*Scapin traverse le théâtre dans le fond & rentre au château.*)

---

[1] *Gone*; garçon, fils; — *un gone*; un particulier, un gaillard.

Tu vas aller maintenant chez le pâtiſſier. Voici la commande que j'ai miſe par écrit. Tu lui diras d'être chez moi à cinq heures moins un quart. Reviens vite; je te donnerai un bon verre de vin de Bourgogne à ton retour.

GUIGNOL.

Deux, ſi vous voulez, not' borgeois. (*Il ſort.*)

SCÈNE IX.

CASSANDRE, puis SCAPIN.

CASSANDRE.

C'eſt le ciel qui m'a envoyé ce cuiſinier étranger : ſans lui je ne ſais comment je me ſerais tiré d'affaire.

SCAPIN, entrant.

Monſieur, je ſuis déſolé de vous laiſſer dans l'embarras; mais je vous demande la permiſſion de me retirer.

CASSANDRE.

Qu'eſt-ce que cela veut dire ?

SCAPIN.

Je croyais être entré dans une maiſon ſûre... je ne veux pas vivre entouré de domeſtiques infidèles qui mettent une maiſon au pillage.

CASSANDRE.

Expliquez-vous enfin !

SCAPIN.

J'étais allé, comme vous me l'aviez ordonné, dans la chambre de votre domestique Guignol, pour y prendre des casseroles de cuivre. Que vois-je en entrant? D'abord sous son lit plusieurs bouteilles de vin fin. Cela attire mon attention; je remarque bientôt le cou d'un dindon qui sortait de la paillasse... Tout cela c'était peu de chose; mais en fouillant dans cette paillasse, j'y trouve douze couverts & une poche en argent.

CASSANDRE.

Savez-vous, Monsieur, que vous portez une accusation terrible contre un ancien & fidèle serviteur de ma maison?

SCAPIN.

Monsieur peut y aller voir lui-même. J'ai laissé les choses dans l'état.

CASSANDRE.

J'y vais de ce pas. (*Il sort.*)

SCAPIN, seul.

Guignol, tu me paieras cher ta déposition d'il y a cinq ans. Mes mesures sont bien prises : & si tu n'es pas pendu, il n'y aura pas de ma faute.

CASSANDRE, rentrant.

Cela est malheureusement trop vrai!... Qui l'aurait

jamais cru de Guignol?... Sa simplicité même me paraissait une garantie de sa fidélité... A qui se fier désormais? (*A Scapin.*) Retournez à vos fourneaux, Monsieur Brochemar. Je mettrai ordre à cela. Ne vous inquiétez de rien. (*Scapin sort.*)

SCÈNE X.

CASSANDRE, puis GUIGNOL.

(On entend Guignol chanter :)

AIR *du Juif errant.*

Est-il rien sur la terre
Qui soye plus cannant
Que de siffler un verre
De bon vin de Mornant?
Mais c'est encor bien mieux
Quand on en siffle deux !

(*Ou tout autre refrain populaire.*)

CASSANDRE.

Il chante, le misérable ! Quelle audace !

GUIGNOL, entrant.

Borgeois, le pâtissier sera là, avec tout son bataclan, à quatre heures & demie.

CASSANDRE.

Monsieur Guignol, regardez-moi en face.

GUIGNOL.

Pourquoi faire? Je vous vois ben aſſez.

CASSANDRE.

Regardez-moi en face.

GUIGNOL.

Allons, je vous arregarde. Hé ben!

CASSANDRE.

Qu'eſt-ce que vous voyez quand vous me regardez?

GUIGNOL.

Tiens! Je vois un ben brave homme! (*à part*) un peu melon, par exemple!

CASSANDRE.

Faites-moi la même queſtion.

GUIGNOL.

Pourquoi donc?... Nom d'un rat! Y veut me faire poſer, le borgeois!

CASSANDRE.

Faites-moi la même queſtion. Demandez-moi ce que je vois quand je vous regarde.

GUIGNOL.

Pardi, vous voyez un bon enfant, un domeſtique comme y n'y en a pas beaucoup.

CASSANDRE.

Ce n'est pas cela; c'est moi qui dois répondre à cette question : Qu'est-ce que vous voyez quand vous me regardez?

GUIGNOL.

Qu'est-ce que je vois quand vous m'arregardez?... Non... Qu'est-ce que vous voyez quand je vous arregarde?... Ah ben! faites comme si je l'avais dit.

CASSANDRE.

Monsieur Guignol, je vois devant moi un voleur!

GUIGNOL.

Un voleur! redites-le donc.

CASSANDRE.

Oui; un voleur! un voleur!

GUIGNOL.

Il l'a dit trois fois!.. Vous n'êtes qu'une vieille bugne (1)! vous ne prouverez pas c'te bêtise!

CASSANDRE.

Qu'avez-vous dans votre paillasse?

───────────────
(1) *Bugne*; espèce de gâteau : — *une vieille bugne*; un vieil imbécile.

GUIGNOL.

Pardi, j'ai de puces, j'ai de punaises, & quéques cafards.

CASSANDRE.

Ce n'est pas de cela qu'il s'agit. C'est de mon vin & de mes couverts d'argent. Je les ai vus & ils y sont encore!... Vous ne répondez rien ?

GUIGNOL.

Ah! vous n'y voyez pas si long que votre nez; il est trop grand; il vous gêne.

CASSANDRE.

Allez-y voir!

GUIGNOL.

Tout de suite. (*Il sort.*)

CASSANDRE, seul.

Le drôle a un aplomb qui me confond... Quel scélérat! Il cache sous une apparence de bonhomie la nature la plus perverse... Je serai pour lui sans pitié.

GUIGNOL, pleurant dans la coulisse.

Ah! ah! ah! Je suis perdu. (*Rentrant.*) Not' borgeois, ce n'est pas vrai... bien sûr, ce n'est pas moi.

CASSANDRE.

Comment expliquez-vous la présence de ces objets dans votre paillasse ?

GUIGNOL.

Ce fera une hiſtoire comme celle de la pie voleuſe. Je crois que c'eſt votre chatte qui a apporté tout ça dans ma paillaſſe. L'autre jour, elle y a bien apporté quatre petits chats.

CASSANDRE.

Votre excuſe eſt trop groſſière... Monſieur Guignol, j'ai pu ſupporter votre bêtiſe & votre maladreſſe ; mais je ne garde pas les voleurs dans ma maiſon... les voleurs, je les chaſſe... Sortez de chez moi ſur-le-champ.

GUIGNOL, pleurant.

Mais, Monſieur...

CASSANDRE.

Je ne me laiſſe pas toucher par vos larmes ; elles ſont feintes... Allez-vous faire pendre ailleurs.

GUIGNOL.

Eh ben, non ; comme je ſuis-t-innocent, je ne m'en irai pas, na !.. C'eſt trop bête auſſi !

CASSANDRE.

Ah ! vous le prenez ſur ce ton ; vous m'injuriez !.. Je vais avertir M. le Bailli & la maréchauſſée, & nous verrons ſi vous reſterez dans ma maiſon malgré moi, malheureux ! (*Il ſort.*)

GUIGNOL, ſeul.

Ah ! mon Dieu ! il le fera comme il le dit !... Que devenir ? Je n'ai d'autre parti à prendre que de m'enſauver dans la forêt... Adieu, borgeois : je vous aime tout de même, quoique vous vous comportiez à mon égard comme un vieux cocombre. Adieu ! vous viendrez quéque jour pleurer ſur ma tombe, vous y jetterez des fleurs, & vous direz en vous arrachant la perruque : Pauvre Guignol ! C'eſt pourtant moi, ganache, que je ſuis cauſe qu'il eſt là dedans !... Mais il ſera trop tard pour m'en ſortir... Adieu les amis ! Adieu la maiſon ! Adieu mamſelle Benoîte !... Ah ! ah ! ah ! (*Il ſort en pleurant.*)

SCÈNE XI.

LE BAILLI, LE BRIGADIER ET UN GENDARME, SCAPIN, PUIS CASSANDRE.

SCAPIN.

Par ici, Monſieur le Bailli. Le crime eſt flagrant ; on a trouvé les objets volés dans la paillaſſe de ſon lit : du vin, un dindon, douze couverts d'argent.

LE BAILLI.

Il faut ſaiſir le dindon comme pièce à conviction.

SCAPIN.

Voici M. Caſſandre, qui va vous expliquer cela comme moi.

CASSANDRE, entrant.

Oui, Monſieur le Bailli, un domeſtique en qui j'avais

la plus grande confiance... cela me dérange beaucoup ; j'ai aujourd'hui un dîner de quarante couverts

LE BAILLI.

Où est le coupable ?

CASSANDRE.

Il a pris la fuite quand son crime a été connu.

LE BRIGADIER.

Quand les couverts ont été découverts !

SCAPIN.

C'est cela. J'apprends à l'instant qu'on lui a vu prendre le chemin de la forêt.

LE BAILLI.

Mettons-nous à sa poursuite.

SCAPIN.

Je vous servirai de guide.

LE BAILLI.

Nous le ramènerons... & dans tous les cas, Monsieur Cassandre, nous viendrons dîner ici.

LE BRIGADIER A SCAPIN.

Monsieur Brochemar, marchez en éclaireur.

LE BAILLI.

Cavaliers, prenez vos distances. En avant !

(*Ils marchent vers la forêt. — Cassandre rentre au château. — Le rideau tombe.*)

ACTE II.

Une Forêt.

SCÈNE I.

GUIGNOL, seul.

Du depuis trois jours que je suis dans c'te forêt, je ne me mets à table que devant les buissons... Je n'ai encore mangé que de pelosses, de mûrons, de ratabouts & de poires d'iziau.... Mon ventre est mou comme une poire blette, & mon estomac me gargouille comme la fontaine des Trois-Cornets (1).... Que vas-tu devenir, pauvre Guignol?... Je n'ose pas buger, les malchaussés tournent par là pour me prendre... Je suis perdu si je sors de la forêt.... Avec ça, y a de mauvaises bêtes par ici, de loups, de serpents qui me donnent la chair de poule... Je ne peux plus me traîner; il faut que je dorme un instant. (*Il se couche sur la bande.*) — Ah! ma pauv' m'man! Si elle me savait ici, elle m'apporterait une soupe de farine jaune; elle sait que je l'aime bien.... Pauvre m'man! elle venait tous les soirs me border dans mon lit. (*Il s'endort & est bientôt éveillé par des hurlements, & par l'approche d'un serpent.*) Ah! qué grosse larmise (2)! (*Il s'enfuit & revient quand le serpent a quitté la scène.*) Ah!

(1) Fontaine du quartier Saint-Georges, à Lyon.
(2) *Larmise*; lézard gris.

je suis trop malheureux! je peux plus y tenir. N'avoir rien à manger, & être mangé soi-même par de vilaines bêtes comme çà! C'est trop terrible! Je vais me parcipiter dans le grand étang. (*On entend un bruit de tonnerre. — Flamme.*)

SCÈNE II.

GUIGNOL, LE GÉNIE DU BIEN.

LE GÉNIE.

Guignol, où vas-tu?

GUIGNOL.

(*A part.*) Tiens, voilà un particulier qui ressemble au tambour-major de la vogue de la Guillotière. — (*Haut.*) Mossieu, je ne vais pas à la noce, je vais me noyer.

LE GÉNIE.

As-tu le droit de disposer de ton existence? Tu n'as donc aucune confiance dans celui qui t'a créé? C'est un crime que tu vas commettre.

GUIGNOL.

Je suis trop malheureux; je peux plus y tenir.

LE GÉNIE.

Guignol, je connais tes malheurs; je m'intéresse à toi. Reprends courage: je suis le Génie du bien; je veux te sauver.

GUIGNOL.

Tiens, c'est un soldat du génie. Il a une drôle d'uniforme... On m'accuse d'être un voleur ; mais c'est bien à faux, Monsieur du génie.

LE GÉNIE.

Je connais ton accusateur, & je veux le confondre. Attends-moi ici. (*Il disparait. — Flamme.*)

GUIGNOL.

Qu'est-ce qui fait donc là-bas ? Je crois qu'il allume sa pipe. (*Flamme.*)

LE GÉNIE, reparaissant.

Voici une baguette qui sera pour toi un talisman. (*Il la lui donne.*) Je vais l'enchanter. (*Il la touche en disant :*) Abracadabra ! Furibundus ! Salamalec !

GUIGNOL, à part.

Il parle d'omelette !

LE GÉNIE.

Il te faut maintenant deux mots du grimoire.... Lorsque tu verras tes persécuteurs, oppose-leur cette baguette. Si tu dis *berlique*, elle les frappera d'enchantement ; si tu dis *berloque*, l'enchantement cessera. Souviens-toi bien : berlique & berloque.... Ne te sers de cette baguette que pour le bien, car elle est impuissante pour le mal, & si tu en faisais un mauvais usage, elle tournerait sa force contre toi. Adieu ! Guignol, je vais travailler à ta justification, & je reviens. (*Il disparait. — Flamme.*)

SCÈNE III.

GUIGNOL, seul.

Il appelle ça une baguette, l'officier du génie! c'est ben une trique pour assommer les bœufs à la boucherie de Saint-Paul! Quel archet!.. Soyez tranquille, Monsieur du génie, je cognerai de bon courage... Mais qu'est-ce que je vois là-bas? les malchaussés qui arrivent avec Escarpin: ils causent avec un bûcheron.... Ah! je devine l'affaire à présent: je parie que c'est ce gueusard d'Escarpin qui m'aura mis ces couverts sur le casaquin pour se venger de il y cinq ans, & qui veut à présent me faire pendre. Atatends, vieux; je vais t'arranger le cotivet [1] avec mon tablisman. Cachons-nous un peu desdelà. (*Il se cache.*)

SCÈNE IV.

SCAPIN, LE BAILLI, LA MARÉCHAUSSÉE, GUIGNOL, caché.

SCAPIN.

Venez, Monsieur le Bailli... on l'a vu, il y a un instant, vers le Grand rocher, & nous en sommes à quelques pas. (*Guignol paraît.*) Ah! le voici!

---

[1] La nuque.

LE BAILLI.

Cavaliers, saisissez cet homme. Monsieur Brochemar, en avant !

GUIGNOL.

Bonjour, Messieurs, la compagnie. (*Les gendarmes s'avancent.*) Berlique! (*Tous restent immobiles devant la rampe.*) Ah! ah! comment ça va-t-il? Eh ben! on ne buge donc plus, mes gones! Les v'là comme des estatues. Mais saluez donc la société, malhonnêtes! Berlique! (*Ils saluent.*) Encore! (*Ils saluent encore.*) C'est bien, petits; mais vous ne dites donc rien. Poque! (*Il les pousse avec la baguette, & les fait heurter l'un contre l'autre & contre le montant.*) Ils ont le sommeil dur! (*Il les frappe successivement avec le bâton en chantant.*) Voilà comme on bat le blé à Venissieux, vieux!... Voyons, assez dormi comme cela... Berloque! (*Ils se réveillent.*)

LE BAILLI.

Mais, cavaliers, que faites-vous donc? Qu'attendez-vous pour vous saisir de ce drôle?

LE BRIGADIER.

Je me sens une démangeaison derrière la nuque du cou.

LE GENDARME.

Et moi aussi sur le crâne de la tête.

SCAPIN.

Et moi aussi.

ACTE II, SCÈNE IV.

LE BAILLI.
Et moi auſſi.

GUIGNOL.
Berlique ! (*Ils redeviennent immobiles.*) Allons, ça va à la baguette. Voyons encore ! Etes-vous toujours bien obéiſſants ? Danſez-moi un petit air de rigaudon, pour vous dégourdir. (*Ils danſent pendant que Guignol chante :*)

Allons aux Bretteaux, ma mia Jeanne !

Plus vite ! (*Ils danſent plus vite.*) Allons vous êtes bien ſages... Mais tout ça, c'eſt les bagatelles de la porte, & il faut me tirer d'ici. (*Il donne un coup de bâton à Scapin en diſant :* Berlique pour toi, *& le conduit au fond du théâtre. Puis il s'approche du bailli & des gendarmes & dit :* Berloque pour vous ; *ils ſe réveillent.*)

LE BAILLI.
Mais, cavaliers, que veut dire tout cela ? Pourquoi cet homme n'eſt-il pas encore pris ?

GUIGNOL.
Ça veut dire, Monſieur le Bailli, que vous y voyez clair comme une taupe... Ce gone-là s'appelle pas Brochemar, mais Eſcarpin. C'eſt un gueuſard qui vous a mis dedans, & moi je ſuis innocent comme un petit chardonneret qui tette ſa maman.

LE BRIGADIER.
Serait-ce ce Scapin qui s'eſt évadé & que nous cherchons depuis huit jours ?

GUIGNOL.

Si vous voulez vous cacher un moment dernier ces arbres & écouter, vous saurez la vérité.

LE BAILLI.

Il faut d'abord venir en prison ! vous vous expliquerez ensuite.

GUIGNOL

En prison ! si vous pouvez m'y mener, papa ! & c'te baguette ! Vous voulez donc encore vous faire rafraîchir le cotivet ? C'est un tablisinan.

LE BRIGADIER.

Il a peut-être raison, Monsieur le bailli. Son langage paraît sincère, & j'ai toujours cette démangeaison derrière la nuque du cou.

LE GENDARME.

Et moi aussi.

LE BAILLI.

Et moi aussi. Allons, Messieurs, plaçons-nous à portée, & écoutons.

GUIGNOL *ramène Scapin sur le devant du théâtre.*

Berloque pour toi.

SCAPIN, *se réveillant.*

Où suis-je ?... ah ! c'est Guignol.

ACTE II, SCÈNE IV.

GUIGNOL.

Avance donc, petit! avance donc! N'aie donc pas peur de c'te petite canne, capon!... Ah! tu as voulu te revenger de ce que j'avais dit la vérité sur ton compte il y a cinq ans! T'as voulu me faire passer pour un voleur comme toi!... Viens donc me pincer!

SCAPIN.

Qu'est devenue la maréchaussée?

GUIGNOL.

Par la vertu de ma baguette, pst! je les ai escamotés.

SCAPIN.

Guignol! je vois que tu as un pouvoir supérieur au mien.... Sois généreux, pardonne-moi. Oui, j'ai voulu me venger, & c'est moi qui ai caché dans ton lit les couverts de M. Cassandre... Je suis malheureux, ne m'accable pas.

GUIGNOL.

Tu n'es qu'une canaille!... débarrasse-moi le plancher. (*Scapin en voulant fuir est saisi par les gendarmes qui l'entraînent.*) Tenez-le bien; le lâchez pas; serrez-lui les pattes; il n'a que ce qu'il mérite. (*Bruit de tonnerre. — Flamme.*)

SCÈNE V.

GUIGNOL, LE GÉNIE.

GUIGNOL.

C'est l'officier du génie qui revient! il paraît qu'il fait sa soupe à présent.

LE GÉNIE.

Es-tu content, Guignol?

GUIGNOL.

Oh! Monsieur du génie, je serais bien déjà allé vous remercier; mais je savais pas votre adresse... Sans vous j'étais perdu... Vous avez là une fameuse baguette tout de même!..... Si jamais vous avez besoin de Guignol pour un coup de main, vous pouvez compter sur lui.

LE GÉNIE.

Cette baguette ne t'est plus utile à présent; rends-la moi. (*Il la reprend*). Que ce qui t'arrive te serve de leçon; sois toujours vertueux; ne donne jamais ta confiance & ton amitié à de mauvais sujets comme ce Scapin, & que son exemple t'apprenne à rester fidèle à ton devoir... Je te quitte; mais je ne t'oublierai pas... Je t'ai dit que je suis le Génie du bien. Appelle-moi quand tu auras à faire une bonne action. Adieu! je rentre dans ma grotte profonde, où l'on ne voit ni ciel ni monde. (*Il disparaît.* — *Flamme.*)

GUIGNOL.

Oui, Monsieur du génie, je serai toujours bien sage... Mes compliments à votre famille... Il va dîner.... je voudrais bien n'en faire autant.

SCÈNE VI.

GUIGNOL, CASSANDRE.

CASSANDRE, accourant.

Qu'ai-je appris, mon pauvre Guignol! Combien je suis fâché d'avoir aveuglément cru aux accusations de ce scélérat! Excuse-moi, je t'en prie.

GUIGNOL.

Vous auriez bien dû le deviner à sa mine; il a une figure à faire tourner une sauce blanche... Mais ne vous tourmentez pas, borgeois! Tout le monde fait des bêtises; vous n'êtes pas le premier. Moi qui vous parle...

CASSANDRE.

Que puis-je faire pour toi, mon garçon?

GUIGNOL.

Ah! borgeois, franchement, j'ai ici depuis trois jours une fichue cuisine. Si vous pouviez me donner un verre de vin & une rôtie de fromage fort, ça me remettrait joliment.

CASSANDRE.

Viens, mon garçon, je vais te faire servir à dîner... Désormais, tu ne me quitteras plus, & à dater d'aujourd'hui je double tes gages. Viens !... Mais tu ne peux pas partir d'ici sans adresser un mot aux personnes qui nous écoutent & qui se sont intéressées à tes malheurs !... Allons, en avant le petit couplet !

GUIGNOL.

Ah ! borgeois, mon estomac crie, & la soif me coupe le sifflet.

AU PUBLIC.

Air : *Patrie, honneur.*

Vraiment, Messieurs, si j' n'avais pas si faim,
Je vous chant'rais tout de suite une ariette ;
Mais mon gosier réclame un verre de vin,
Et j' craindrais pas d' siffler une omelette :
Permettez-moi d' m'arroser le fanal
Et j' reviendrai chanter l' couplet final.

(*Parlé.*) Rien que deux ou trois bouteilles du vieux bourgogne du papa Cassandre... puis je dirai deux mots à son dîner de quarante couverts... y a des restes... au pâté de chatte, au gâteau annexé, &c... (*Il répète les plats*

indiqués pendant la première scène, & est repris par Cassandre...)

Tout ça, messieurs, me r'mettra le fanal;
Et je chant'rai gaîment le couplet final (1).

(1) Je crois que les *Couverts Volés* ont été empruntés au répertoire d'un théâtre de marionnettes d'Allemagne. On y reconnaît, malgré de notables modifications, le caractère d'une féerie allemande du siècle dernier, & dans les manuscrits qui ont passé sous mes yeux, il en est un où Cassandre parle de son château de *Rensspach*.

FIN DES COUVERTS VOLÉS.

LE POT DE CONFITURES

PIÈCE EN UN ACTE

PERSONNAGES

CASSANDRE.
OCTAVE, son fils.
GUIGNOL, son domestique.
Mlle EMILIE.

LE POT DE CONFITURES

PIÈCE EN UN ACTE

Un Jardin.

SCÈNE PREMIÈRE.

CASSANDRE, puis OCTAVE.

CASSANDRE entre & appelle son fils.

CTAVE! mon fils! venez ici. (*Octave entre.*) Savez-vous que je suis dans une grande colère?

OCTAVE.

Contre moi, mon père?

CASSANDRE.

Non pas contre vous, mon ami; mais contre ce domestique que vous m'avez fait prendre il y a quelques semaines. C'est un gourmand fieffé... Rien ne lui échappe... le vin... le sucre... les fruits, tout est au pillage chez moi. Hier encore, nos voisines Mesdames de Saint-Rémi sont venues faire une visite au château : j'ai voulu leur offrir des confitures ; il n'y avait pas un pot entier ; & qui les avait entamées ? C'était lui, c'était M. Guignol.

OCTAVE.

Cela n'est pas possible, mon père.

CASSANDRE.

Cela est certain... je suis sûr de mes autres domestiques, & je l'ai déjà pris sur le fait... C'est affreux... je ne veux plus d'un pareil drôle.

OCTAVE.

Mon père, votre sévérité m'afflige beaucoup... Vous savez que ce pauvre Guignol a été placé chez vous par Mademoiselle Emilie, la fille de votre ami, de votre voisin, M. Desessart. Avec votre permission, j'ai demandé il y a peu de temps la main de Mademoiselle Emilie, j'espère une réponse favorable ; mais enfin elle ne m'est pas encore donnée... Si vous renvoyez dans un pareil moment le protégé de Mademoiselle Emilie, elle se fâchera, elle me repoussera, mon mariage sera manqué & je serai au désespoir.

CASSANDRE.

Certainement j'approuve beaucoup ton projet de mariage avec Mademoiselle Emilie, qui est charmante... mais je n'y vois pas une raison pour que ma maison soit au pillage... Je veux des domestiques fidèles. Ton Guignol est intolérable.

OCTAVE.

Mon père, encore un peu de patience !

CASSANDRE.

Ma patience est à bout... Je vais faire des visites dans le voisinage, je rentrerai ce soir. Il faut que Guignol parte... Si je le retrouve à mon retour, je le chasserai moi-même, & avec un bon bâton, quand Mademoiselle Emilie & toute sa famille devraient en être furieuses. (*Il sort.*)

SCÈNE II.

OCTAVE, seul.

Mon père est fort irrité, je crois bien qu'il n'a pas tout à fait tort... Je me suis plus d'une fois aperçu de la gourmandise de Guignol... Mais comment faire accepter son renvoi par Mademoiselle Emilie ?. Appelons-le & donnons-lui une bonne semonce... peut-être cela suffira-t-il. (*Il appelle.*) Guignol ! Guignol !

SCÈNE III.

OCTAVE, puis GUIGNOL.

GUIGNOL, dans la coulisse.

Maître, je suis t'à la cave.

OCTAVE.

A la cave ! qu'y fais-tu ?

GUIGNOL.

Je mets du vin en bouteilles.

OCTAVE, à part.

C'est-à-dire que c'est à présent le tour du vieux bourgogne de mon père. (*Haut.*) Monte tout de suite; j'ai à te parler.

GUIGNOL.

Je viens... mais je peux pas fermer le robinet... Ces robinets de Saint-Claude sont durs comme du fer... Ils perdent beaucoup.

OCTAVE.

Monte donc ?

GUIGNOL.

Je suis obligé de le fermer avec les dents.

OCTAVE.

Ah ! je vais te faire monter.

SCÈNE III.

GUIGNOL, *entre vivement & salue plusieurs fois.*

Voilà ! voilà ! petit maître... Je me rends t'à vos ordres... qué qu'y a ?

OCTAVE.

Voilà près d'une heure, Monsieur, que je vous appelle.

GUIGNOL.

Y fallait ben le temps de monter les édegrés.

OCTAVE.

Vous avez eu le temps de les compter.

GUIGNOL.

Y en a trente-deux & demie, en comptant la petiote.

OCTAVE.

C'est bien !.. Veuillez, Monsieur, me regarder en face.

GUIGNOL.

Je peux pas vous regarder de travers, je suis pas louche.

OCTAVE.

Que voyez-vous sur mon visage ?

GUIGNOL.

Je vois un joli garçon avec de jolies petites mustaches.

OCTAVE.

Ce n'est pas cela que je vous demande. Vous devez voir sur mon visage la colère & l'indignation.

GUIGNOL.

Je connais pas ces perſonnes-là !

OCTAVE.

Je vais me faire comprendre. Mon père m'a chargé de vous mettre à la porte.

GUIGNOL.

Oh ! je crains les courants d'air ; puis j'ai pas de goût pour être portier, on eſt trop eſclave.

OCTAVE.

Mon père te chaſſe.

GUIGNOL.

Il me prend donc pour un lièvre... Puis il peut pas, la chaſſe eſt pas ouverte.

OCTAVE.

Il ne veut plus de toi.

GUIGNOL.

Il veut plus de toit ! C'eſt bien facile de le contenter ! Donnez-moi un moment ; je grimpe en haut, & dans une heure il n'y aura plus une tuile ſur la maiſon.

OCTAVE.

Tu fais le plaiſant, mais cela eſt ſérieux. Mon père eſt très-mécontent de ton ſervice, & il n'en veut plus.

GUIGNOL.

Et pourquoi donc ça, petit maître ?

OCTAVE.

Parce que tu es le plus fieffé gourmand que la terre ait jamais porté.

GUIGNOL.

Oh! Monsieur! pas gourmand, Guignol... j'aime que la soupe de farine jaune & le fromage fort.

OCTAVE.

Tu ne bois pas non plus?

GUIGNOL.

Rien que de l'eau... comme une petite grenouille...

OCTAVE.

Nous avons malheureusement la preuve de ta gourmandise. Hier, des dames sont venues faire visite au château; mon père a voulu leur faire offrir des confitures... il n'y avait pas un pot entier.

GUIGNOL.

Le confiseur les avait pas remplis. Y a si peu de bonne foi dans le commerce à présent.

OCTAVE.

N'accuse pas le confiseur... Le coupable s'était trahi; on voyait la trace de ses doigts.

GUIGNOL.

Par exemple!... Je les avais touchées qu'avec la langue.

OCTAVE.

Tu l'avoues donc, malheureux!

GUIGNOL, à part.

Gredine de langue, scélérate, va! je te loge, je te nourris & tu parles contre moi! sois tranquille! (*Il se soufflette & se cogne contre le montant.*)

OCTAVE.

Drôle! je te ferai périr sous le bâton.

GUIGNOL.

Petit maître, j'y retournerai plus... J'en ai mangé un petit peu, si petit... si petit... Puis, que je mange des confitures ou du fromage, c'est bien toujours la même chose.

OCTAVE.

Je ne sais qui me retient...

GUIGNOL.

Tapez, maître, tapez, j'ai bon dos; mais ne me renvoyez pas. Mamselle Emilie vous priera pour moi.

OCTAVE.

Mon père veut que je te chasse.

GUIGNOL.

Oui, mais Mamselle Emilie veut que vous me gardiez.

OCTAVE.

Si au moins j'avais l'espoir de te voir corrigé!...

GUIGNOL.

Oh! Monsieur, à présent c'est sacré ; je veux être battu comme plâtre si jamais...

OCTAVE.

Allons, rentrez... allez brosser mon habit... j'ai à sortir.

GUIGNOL.

Y a-t-il quéque commission à faire, quéque chose à porter?

OCTAVE.

Impertinent! portez donc cela. (*Il lui donne un soufflet.*)

GUIGNOL.

Merci, petit maître. La lettre est affranchie : faudra-t-il vous rapporter la monnaie ? (*Il s'enfuit.*)

SCÈNE IV.

OCTAVE, puis Mlle EMILIE.

OCTAVE, seul.

Le drôle est amusant; quel dommage qu'il ait un pareil défaut!.. Comment le garder sans irriter mon père? & comment le renvoyer sans déplaire mortellement à

Mademoiselle Emilie ? Mais la voici ; il faut bien lui raconter cette malheureuse histoire.

Mlle ÉMILIE, entrant, avec gaîté.

Bonjour, Monsieur Octave.

OCTAVE, tristement.

Mademoiselle. (*Il salue.*)

ÉMILIE.

Vous êtes bien soucieux, bien maussade aujourd'hui.

OCTAVE.

Je suis fort triste, Mademoiselle.

ÉMILIE.

Il me semble que vous devriez recevoir un peu plus gracieusement la visite qu'on vous fait, Monsieur. Où est Guignol ?

OCTAVE.

C'est précisément votre protégé qui me donne du souci.

ÉMILIE.

Qu'a-t-il donc fait ce pauvre garçon ?

OCTAVE.

Je vous conseille de le plaindre : gourmand, menteur,... tous les vices ! Si vous ne vous intéressiez pas à lui...

ÉMILIE.

Ne vous gênez pas, Monsieur. Renvoyez-le ; mais je suis certaine qu'il n'est pas coupable.

OCTAVE.

Il dévore tout : fruits, sucre, vins d'Espagne ; rien n'échappe à sa gourmandise. Hier, mon père a voulu faire servir des confitures à des dames ; tous les pots avaient été goûtés par Guignol.

ÉMILIE.

Cela n'est pas possible.

OCTAVE.

Il vient de me l'avouer.

ÉMILIE.

Je n'en crois rien. Avec la menace on fait avouer tout ce qu'on veut à un garçon simple comme lui... Je vois bien que vous voulez me faire de la peine... Vous n'avez aucune affection pour moi... C'est bien mal de vous venger sur un pauvre garçon parce que je le protége.

OCTAVE.

Mademoiselle !

ÉMILIE.

Je venais pour vous donner une bonne nouvelle... je ne vous la dirai pas.

OCTAVE.

Oh ! dites-la-moi, Mademoiselle, je vous en supplie.

ÉMILIE.

Non, certainement... Accuser injustement un pauvre domestique !

OCTAVE.

Injustement?... & si je vous prouve sa gourmandise?... si je vous le fais prendre sur le fait avant la fin du jour?...

ÉMILIE.

Oh ! alors...

OCTAVE.

Alors me direz-vous votre nouvelle ?

ÉMILIE.

Oui, Monsieur ; je suis sûre de gagner... & si vous ne réussissez pas ?

OCTAVE.

Je me soumettrai à tout ce que vous ordonnerez... je subirai la peine que vous daignerez m'infliger.

ÉMILIE.

C'est convenu.

OCTAVE.

Convenu !

ÉMILIE.

Adieu, Monsieur, préparez vos stratagèmes;... mais souvenez-vous bien que si vous ne réussissez pas, non-seulement je ne vous dis pas le motif de ma visite, mais je vous défends de jamais vous représenter devant mes yeux.

SCÈNE V.

OCTAVE, puis GUIGNOL.

OCTAVE, seul.

Je crois que je n'aurai pas grand'peine à gagner mon pari. (*Il appelle.*) Guignol ! Guignol !

GUIGNOL, dans la coulisse, d'une voix étouffée.

Voilà, maître, je viens.

OCTAVE.

Allons, il a la bouche pleine. Viendras-tu ?... Il étouffe, le malheureux !

GUIGNOL, arrivant.

Voilà, voilà, borgeois. (*Il tousse & crache.*)

OCTAVE.

Qu'as-tu donc ?

GUIGNOL.

C'est la poussière. En battant votre habit, il est tombé dans les équevilles [1]... quand j'ai voulu le brosser, la poussière m'a rempli la corgniôle.

OCTAVE.

Elle paraît fort épaisse cette poussière.

---

[1] *Equevilles* ; balayures.

GUIGNOL.

C'eſt fini. (*A part.*) J'avais attrapé un pâté aux quenelles ; y a une patte d'écreviſſe qui s'eſt miſe en travers & qui ne voulait plus deſcendre la Grand'côte. Si j'avais pas avalé quéques cornichons, je tournais l'œil.

OCTAVE.

J'ai une commiſſion à te faire faire.

GUIGNOL.

J'y vais, petit maître.

OCTAVE.

Où vas-tu ?

GUIGNOL.

Faire votre commiſſion.

OCTAVE.

Et où ?

GUIGNOL.

Ah ! je ſais pas.

OCTAVE.

Tu es auſſi étourdi que gourmand ; attends-moi là un inſtant. (*Il ſort.*)

GUIGNOL.

Oh ! que les maîtres ſont difficiles à contenter ! Si on leur demande des explications, ils diſent qu'on eſt bête ; ſi on leur en demande pas, ils diſent qu'on eſt étourdi ; je ſais plus comment les prendre... Après ça ils ont bien leurs peines... Moi, si j'étais maître, je voudrais point avoir de domestiques.

OCTAVE, *revenant avec un pot qu'il pose sur la bande.*

Tu vas porter cela à Mademoiselle Émilie... Aie bien soin de ce pot; il contient des confitures, mais des confitures de l'Inde, au bambou & à l'ananas... elles valent trois cents francs le pot... Va & reviens au plus vite.

SCÈNE VI.

GUIGNOL, seul.

Des confitures de dinde & de trois cents francs le pot !... ça doit être un peu chenu... ça me fait la chair de poule de porter quéque chose de si bon... Oh ! je veux pas en goûter, j'ai promis... c'est sacré... Mais je peux ben les sentir... Si j'ai un nez, c'est pas pour en faire un tuyau de poële... (*Il met le nez sur le pot.*) Oh ! qu'elles sentent bonnes ! quelles sentent bonnes ! ça sent la violette, la rose, le jasmin & le jus de saucisse !... Allons, allons! emportons-les... (*Il prend le pot.*) Oh ! cette odeur me prend le nez ; ça me met sens dessus dessous. Elles doivent être bien jolies... si je les regardais !... ça n'en ôtera pas ; & si on a des quinquets, c'est bien pour s'en servir. (*Il ôte le papier.*) Oh ! quelle jolie couleur ! couleur de pomme, couleur de vin... Elles me donnent dans l'œil ; ça me fait comme un rayon de soleil dans un siau d'eau... Allons, allons, pas de bêtises, emportons-les... (*Il prend le pot*) Tiens, mon pouce qui y a touché ! mon pouce en a ! fi je le lichais… (*Il fuce fon doigt.*) Oh ! que c'eft bon ! que c'eft bon ! qué velours dans la corgniôle ! Bah ! j'y mets les doigts. (*Il goutte encore.*)… Oh ! je n'y tiens plus, je n'y tiens plus. (*Il met la tête dans le pot.*)… Ah ! malheureux, qu'ai-je fait ?… y en a-t-il encore ? (*Il regarde.*) Il n'y a plus rien… Ah ! gredin, te manges pour trois cents francs de confitures ! c'eft plus que te ne vaux… Que faire du pot à préfent ?…. Je vais tout de même le porter… on croira que c'eft le chat qui les a mangées. (*Il fort.*)

SCÈNE VII.

OCTAVE, puis GUIGNOL.

OCTAVE, qui a paru vers la fin de la fcène précédente : il rit.

J'efpère que mon pari eft gagné à préfent.. Ah ! Monfieur le gourmand, après le péché la pénitence… à nous deux maintenant… Le voici ! il a été lefte.

GUIGNOL, arrivant. (*A part.*)

J'ai laiffé le pot à la falle à manger; perfonne ne m'a vu.

OCTAVE.

As-tu fait ma commiffion ?

GUIGNOL.

Oui, maître.

OCTAVE.

Mademoifelle Emilie était-elle chez elle ?

SCENE VII.

GUIGNOL.

Oui, maître.

OCTAVE.

A-t-elle regardé ce que tu lui apportais ?

GUIGNOL.

(*A part.*) Il faut que je mente à présent. Allons, un de plus. (*Haut.*) Oui, maître. (*Il aperçoit qu'il a laissé sur la bande la couverture du pot & cherche à la faire tomber.*)

OCTAVE.

En a-t-elle goûté ?

GUIGNOL.

Oui, maître ; oui, maître ; elle les a trouvées très-bonnes. (*A part.*) Je mens avec un aplomb...

OCTAVE.

Ah ! malheureux, qu'ai-je fait ?

GUIGNOL.

Quoi donc, borgeois ?

OCTAVE.

Cours vite, mon cher Guignol ; cours, empêche qu'elle n'en mange encore !

GUIGNOL.

N'y a pas de risque ; mais quoi donc qu'y a ?

OCTAVE.

J'étais fou, vois-tu ! Ce matin, j'ai eu une querelle avec

Mademoiselle Emilie ; elle m'a défendu de la revoir. J'ai cru qu'elle voulait en épouser un autre.... La jalousie... la colère m'ont égaré... j'ai voulu me tuer... mais j'ai voulu me venger aussi.... Ces confitures que je lui ai envoyées... elles étaient empoisonnées.

GUIGNOL.

Empoisonnées ! ah ! (*Il pousse un cri & se laisse tomber sur la bande.*) Je suis mort.

OCTAVE.

Comment, mort ?... Est-ce que tu en aurais mangé ?

GUIGNOL.

J'en ai goûté une petite braise[1]... Ah ! maître, ça me brûle !

OCTAVE.

Je vais te faire faire du contre-poison.

GUIGNOL.

Ah ! maître, faites-en faire un plein chaudron.... Que je souffre ! que je souffre !...

SCÈNE VIII.

LES MÊMES, CASSANDRE, ÉMILIE.

ÉMILIE.

Mais qu'y a-t-il donc ?

---

[1] *Une braise ;* un brin, une miette.

CASSANDRE.

Qu'a donc ce maraud à hurler ainsi ?

GUIGNOL.

Il y a que je suis mort : pas plus que cà !

ÉMILIE.

Comment tu es mort, & tu parles ?

GUIGNOL.

Je me suis conservé la parole... mais il ne me reste plus que cela.

CASSANDRE.

Voilà un nouveau genre de mort. Mais qu'est-ce qui t'a tué ?

GUIGNOL.

J'ai pris le bocon... j'ai mangé de la poison.

OCTAVE.

Mademoiselle, je l'avais chargé de vous porter des confitures ; il les a mangées en route, & pour le punir je lui ai fait croire qu'elles étaient empoisonnées.

ÉMILIE.

Ah ! vilain gourmand ! tu m'as fait perdre ma gageure.

CASSANDRE.

Allons, drôle, relève-toi ! Tu n'es pas mort du tout.

GUIGNOL.

Vous croyez?... Non, vrai, si je suis mort, il vaut mieux le dire.

OCTAVE.

Relève-toi donc : il n'y a de vrai dans tout cela que ta gourmandise.

GUIGNOL, se relevant.

Ah ! j'ai eu une fière favette, tout de même.

OCTAVE.

Mademoiselle, puisque j'ai gagné ma gageure, ne me direz-vous pas la nouvelle que vous m'apportiez ce matin ?

ÉMILIE.

Il le faut bien, Monsieur ; je venais vous annoncer que mon père consent à notre mariage.

OCTAVE.

Quel bonheur ! mon père !

CASSANDRE.

Je suis très-heureux de cette union. Ma bru, embrassez-moi... (*Il l'embrasse.*) Et ce drôle ?

OCTAVE.

Mon père, il faut lui pardonner, puisque sa sottise vient d'être l'occasion d'une telle joie pour votre fils.

CASSANDRE.

Eh bien ! je vous le donne. Il entrera à votre service le jour de votre mariage.

SCENE VII.

OCTAVE, à Guignol.

Te voilà corrigé, je l'espère.

GUIGNOL.

Oui, not' maître. Cependant le jour de la noce je pourrai bien faire bombance ? Ce sera la dernière fois.

OCTAVE.

Ah ! mes pauvres confitures !

GUIGNOL, au public.

AIR : *J'aime les petits pâtés.*

Mon amour pour le pâté
 Et la confiture
M'a plus d'une fois jeté
 En triste aventure.
Tout d'. mêm' si vous en riez,
Aujourd'hui je chanterai :
 La bonne aventure, oh gué !
 La bonne aventure [1] !

FIN DU POT DE CONFITURES.

---

[1] La donnée principale de ce petit tableau est la même que celle d'une pièce bien connue de Dorvigny, *le Désespoir de Jocrisse*. Mais il n'y a de commun entre les deux ouvrages que cette donnée ; l'exécution & les détails sont tout différents. Au reste, à quelques traits qui ont dif- paru dans la rédaction actuelle, mais qu'on trouve dans d'anciens manuscrits, je ne serais pas éloigné de croire que *le Pot de Confitures* est au moins contemporain du *Désespoir de Jocrisse*, & qu'il a été emprunté à un répertoire de marionnettes étranger.

LES FRÈRES COQ

PIÈCE EN UN ACTE

PERSONNAGES

Gaspard COQ, *notaire.*
Claude COQ, *dit* GUIGNOL, *savetier, son frère.*
Jérôme COQ, *planteur, autre frère.*
LOUISON, *fille de Guignol.*
GNAFRON, *savetier, ami de Guignol.*
VICTOR, *ami de Jérôme.*

LES FRÈRES COQ

PIÈCE EN UN ACTE

Une place publique, à Lyon.

SCÈNE PREMIÈRE.

GUIGNOL, seul.

ENFIN, j'ai de la chance une fois en ma vie. Mon ami Laramée, qui est brigadier dans la cavalerie à cheval, vient de me faire avoir la place de maître bottier dans son régiment. Voilà qui est cannant(1)! Maître bottier! moi qui ne fais que de regrolages(2), me voir à la tête d'un régiment de paires de bot-

(1) *Cannant;* amusant, agréable.
(2) *Regrolage;* raccommodage de souliers. — *Grole;* vieux soulier, savate.

tes! C'est un petit peu joli, & j'ai envie d'aller boire bouteille avec le père Gnafron, pour célébrer c'te fortune... Mais il y a un petit inconvénient, c'est qu'il faut un cautionnement de cinq cents francs en entrant en place, & je n'ai pas le moindre rond... N'y a que mon frère Gaspard qui puisse me les prêter. Il est notaire, & les pécuniaux[1] lui manquent pas... Mais voudra-t-il? Il est si méchant! Il dit que je lui fais z'honte, & il m'a défendu de mettre les pieds chez lui... Il m'a même donné trois cents francs pour ne plus porter son nom. Je m'appelais Coq, & à présent je m'appelle plus que Guignol ; c'était le nom qu'on me donnait quand j'étais petit. Ça m'a bien chiffonné de changer de nom comme ça, mais y a fallu en passer par là... Voudra-t-il m'écouter à présent?... Ah bah ! puisqu'y m'a donné trois cents francs pour ne plus porter son nom, il m'en donnera p't-être bien cinq cents quand y saura que je vais quitter la ville pour être maître bottier dans un régiment... Allons, ganache ; un peu de courage, saperlotte!... Chapotons[2] chez lui. (*Il frappe.*)

SCÈNE II.

GUIGNOL, GASPARD.

GASPARD.

Que me veut-on ? Ah ! c'est vous, Monsieur Guignol ? Je vous avais pourtant défendu de vous présenter devant moi.

---

[1] *Les pécuniaux ;* le numéraire : *pecunia.*
[2] *Chapoter ;* frapper.

GUIGNOL.

Dis donc, Gaspard ! mon frère !...

GASPARD.

Je vous ai défendu de me tutoyer, je vous ai défendu de m'appeler votre frère.

GUIGNOL.

Perſonne ne nous entend... Puis, c'eſt ben un joli nom tout de même... mon frère !

GASPARD.

Je vous ai défendu de m'appeler ainſi... Je vous ai donné trois cents francs pour cela ; c'eſt aſſez cher.

GUIGNOL.

C'eſt vrai... mais, dis donc... dites-moi, Monſieur Coq... Si tu pouvais... ſi vous pouviez me rendre un petit ſervice, je t'en ſaurais bien bon gré.

GASPARD.

C'eſt encore de l'argent que vous venez me demander ?

GUIGNOL.

Oui, mais c'eſt la dernière fois. J'ai une belle place, je vais entrer maître bottier dans un régiment de cavalerie à cheval ; tu ne me verras plus par là... Mais il me faut un cautionnement de cinq cents francs... & pas de pécuniaux !

GASPARD.

Cinq cents francs ? comme vous y allez ! Vous croyez que cinq cents francs se trouvent dans le pas d'un cheval !... & qu'avez-vous fait des trois cents francs que je vous ai donnés il y a deux mois ?

GUIGNOL.

Eh bien ! j'avais chez le boulanger une ouche (1) qui était un peu conditionnée... y avait ben cent francs.

GASPARD.

Oui, le désordre, les dettes... Je vous reconnais.

GUIGNOL.

Puis, je devais ben autant au cabaretier.

GASPARD.

C'est cela... l'ivrognerie !

GUIGNOL.

Puis les autres cent francs... que sais-je ?... Louison s'est acheté un bonnet... moi, j'avais besoin d'un tablier de cuir... & les amis... le dimanche... le lundi... la vogue de la Croix-Rousse...

---

(1) *Ouche;* taille, broche de bois sur laquelle les fournisseurs marquent leurs livraisons.

GASPARD.

Non, Monsieur ; non, Monsieur. Je ne vous donnerai pas cinq cents francs pour en faire un pareil usage... Avec les habitudes que vous avez, vous ne resteriez pas trois semaines maître bottier au régiment... On vous chasserait ; vous reviendriez ici, & mes cinq cents francs seraient perdus... Vous êtes incorrigible, & vous ne serez jamais qu'un vagabond.

GUIGNOL.

Gaspard ! (*A part.*) Oh ! qu'il est méchant !

GASPARD.

Ce n'est r en vivant comme vous que j'ai amassé ma fortune & que je suis devenu notaire. C'est par la sobriété, par l'ordre, par l'économie, par le travail... Ne me parlez plus de cela ; retirez-vous & que je ne vous revoie jamais !

GUIGNOL.

Mais, Gaspard... Monsieur Coq, laissez-moi vous dire...

GASPARD.

Pas un mot de plus... Allez demander cinq cents francs à vos amis de cabaret. Et si jamais vous remettez les pieds chez moi, je vous fais jeter à la porte par mes gens. (*Il rentre & ferme sa porte.*)

SCÈNE III.

GUIGNOL, puis LOUISON.

GUIGNOL, seul.

Hum! hum! gribouillon, va! avare, grippe-fou! Qu'ils viennent me toucher, tes *genffes!* je leur tremperai une foupe dans le ruiffeau, & une foupe à l'oignon, encore!... J'ai envie de lui jeter des pierres dans fes vitres... Galopin, te n'étais pas fi fier quand te fautais les ruiffeaux pour ton patron, Monfieur Croquelard... que te venais m'emprunter des gobilles (1), que te me les rendais feulement pas... puis... que te me difais que la m'man avait oublié de te donner ton déjeuner, & que te me mangeais la moitié du mien... Va, fans-cœur! te t'appelles Coq, & te n'es qu'un gros dinde... Fais donc ta roue... Sors donc, voyons; viens donc t'expliquer avec moi!

LOUISON, accourant.

Mais, papa, qu'avez-vous donc à crier comme ça dans la rue?

GUIGNOL.

Retiens-moi, Louifon; retiens-moi; je vas faire un malheur!

---

(1) *Gobilles;* billes à jouer.

LOUISON.

Mais qu'avez-vous ?

GUIGNOL.

J'ai, que ton oncle... non, ce n'est plus ton oncle, il a raison... tu n'es pas la nièce d'un artignol comme ça... Monsieur Coq vient de me refuser cinq cents francs qui m'étaient de besoin pour entrer dans une belle place... & il me dit encore une poignée de sottises... il m'appelle vacabond, ivrogne... Moi, ivrogne ! jamais le vin ne m'a fait faire des S... Jamais ! entends-tu, gâche-papier, casse-plume ?

LOUISON.

Allons, papa, venez travailler.

GUIGNOL.

Moi ! est-ce que je travaille quand je suis en colère ? je massacrerais la chaussure... Va chez le marchand de vin me demander bouteille... Prends une grande bouteille, une bouteille de quatre litres.

LOUISON.

Mais, papa, le marchand de vin ne veut plus nous donner à crédit ; il dit que l'ouche est pleine.

GUIGNOL.

Déjà ! mais aussi vous faites des ouches grandes comme rien du tout... Moi, je voudrais des ouches comme des mâts de cocagne... Hé ben, donne-lui d'argent à ce droguiste.

LOUISON.

Mais, papa, d'argent, j'en ai plus.

GUIGNOL.

T'en a pas, petite menteuse ? & les huit sous d'hier ?

LOUISON.

Et votre diner avec votre ami Gnafron ?

GUIGNOL.

Ah ! te n'as pas de monnaie ? Tiens, va changer cette pièce. (*Il lui donne un soufflet.*)

LOUISON.

Papa, vous me battez, vous n'avez pas raison.... C'est pas moi qui suis cause que vous n'avez pas d'argent & que vous êtes en colère.

GUIGNOL.

C'est vrai, j'ai tort.... Ah ! c'est ce scélérat de notaire de malheur !.. Je te retrouverai ben quéque jour, gredin. C'est encore toi qu'es cause que je bats ma Louison ; je te mettrai ça sur ton compte... Louison, prends les bottes du postillon, qu'il a apportées ce matin pour les ressemeler, & porte-les au Mont-de-Piété.

LOUISON.

On me prêtera pas grand'chose là-dessus.

GUIGNOL.

Y aura ben toujours pour boire un litre. Je travaillerai demain pour les retirer.

LOUISON.

Et fi le poftillon vient les demander?

GUIGNOL.

Te lui diras que je les fais tremper, que je les arrofe.

LOUISON.

C'eft-à-dire que c'eft les bottes que vont vous arrofer la corniole.

GUIGNOL.

Elle eft drôle, Louifon... Allons, cours & reviens vite. J'ai la pépie ; mon gofier eft comme un perchemin. (*Ils fortent tous deux.*)

SCÈNE IV.

JÉROME, en coftume de voyageur pauvre, VICTOR.

JÉROME.

Laiffe-moi m'arrêter un inftant, mon cher Victor. Je ne puis maîtrifer mon émotion. Il y a trente ans que j'ai quitté Lyon, & tant de fouvenirs me reviennent à la fois! Il y a bien des chofes changées ici; mais je retrouve encore mon vieux clocher de Fourvières, les coins de rue où j'ai polissonné avec mes frères... Tout cela me remplit de joie & de tristesse en même temps.

VICTOR.

Mais, mon cher bienfaiteur, me direz-vous pourquoi ce déguisement ?

JÉROME.

Il est temps de te l'expliquer. Mon père, Antoine Coq, était un honnête ouvrier de cette ville, qui avait élevé à grand'peine, par son travail, une nombreuse famille. Il lui était resté trois garçons, dont j'étais l'aîné, & il nous avait fait apprendre à chacun un état. J'avais fini mon apprentissage chez un serrurier; mais cet état ne m'avait jamais plu: j'eus un jour une querelle avec mon patron & je le quittai. J'avais toujours eu un certain goût pour le commerce; je demandai à mon père la permission d'aller à Marseille pour chercher à m'embarquer, comme mousse, sur un vaisseau marchand : il me le permit; j'embrassai mon père & ma mère, que je n'ai plus revus, & je partis, il y a de cela trente ans.

VICTOR.

Vous étiez sans argent ?

JÉROME.

J'avais vingt francs d'économies & quelques pièces que ma mère avait glissées dans ma poche. Je voulus utiliser mon voyage : j'achetai du fil, des aiguilles, des almanachs, que je vendis le long de la route, achetant ensuite d'autres marchandises. Enfin, lorsque j'arrivai à Marseille, mon petit commerce m'avait nourri pendant le voyage & j'avais soixante francs.

VICTOR.

C'était d'un bon présage.

JÉROME.

A Marseille, je vendais des allumettes & de la petite mercerie dans les cafés. Je me promenais souvent sur le port, songeant toujours à m'embarquer. Enfin, un jour, j'y rencontrai un capitaine de vaisseau marchand, dont la figure franche & bonne m'enhardit à lui parler de mon dessein. Je lui demandai de me prendre à son bord, lui offrant de lui servir de domestique pendant toute la traversée, sans autre gage que ma nourriture. Il accepta, & je dois dire que pendant le voyage, il n'exigea de moi aucun service de domestique. Au contraire, il m'instruisait, me faisait apprendre le calcul, la tenue des livres, & me donnait des conseils sur ce que je pourrais faire dans le Nouveau Monde.

VICTOR.

C'était un bien brave homme.

JÉROME.

Arrivé à la Martinique, il me plaça chez un riche planteur qui avait une grande exploitation. Mon activité & ma fidélité gagnèrent bientôt la confiance de mon patron : je devins le gérant de toutes fes propriétés. J'eus le bonheur d'apaifer une révolte d'efclaves dans laquelle fa fortune & fa vie couraient les dangers les plus imminents; & il y a cinq ans, à fa mort, comme il n'avait pas d'enfant, il m'a inftitué héritier de toute fa fortune, qui s'élevait à trois millions. Je l'ai encore augmentée par cinq années de travail. Mais le défir de revoir mon pays natal, de favoir ce qu'était devenue ma famille, m'a bientôt fait prendre en dégoût la pofition brillante, mais ifolée, que j'avais à la Martinique; j'ai réalifé ma fortune, j'ai vendu mes plantations, je me fuis embarqué, & me voilà!

VICTOR.

Mais, Monfieur, lorfque je vous ai rencontré à Marfeille, vous portiez un coftume plus convenable à votre condition. Pourquoi venez-vous de prendre celui-ci à l'hôtel où nous fommes defcendus?

JÉROME.

Tu es jeune, mon cher Victor, & tu ne connais pas encore les hommes. J'ai quitté mon pays & ma famille il y a trente ans : il fe paffe bien des chofes en trente années. Mon père & ma mère font morts. Mais mes parents, mes amis, comment me recevront-ils? Je fais bien qu'ils recevront à bras ouverts Jérôme trois fois millionnaire; mais recevront-ils auffi bien Jérôme pauvre, Jérôme ouvrier, Jérôme au retour d'un long voyage, dont il ne rapporte que des infirmités? Voilà ce que je voudrais favoir, voilà pourquoi j'ai pris ce coftume.

VICTOR.

Je vous comprends, Monsieur.

JÉROME.

Le ciel ne m'a point donné d'enfant & je suis veuf. Il est vrai que j'ai en toi un fils, Victor. Tu m'as sauvé la vie à Marseille, lorsque j'étais attaqué par ces bandits qui avaient appris que j'avais sur moi des valeurs considérables. Tu ne me quitteras jamais. Mais je voudrais savoir ce que sont devenus mes deux frères. Ils étaient d'un caractère bien différent : l'un, laborieux, économe, un peu avare même ; l'autre, sans soucis, toujours content, aimant le plaisir, mais un cœur d'or... Il faut que tu m'aides à les chercher. Nous sommes dans le quartier qu'habitait mon père, la Grande rue St-Georges. On doit se souvenir d'eux ici... Reste sur cette place. Si tu peux lier conversation avec quelque passant, interroge-le.

VICTOR.

Volontiers, Monsieur.

JÉROME.

Moi, je vais faire un tour dans le quartier. J'entrerai chez les boulangers, les épiciers, les charcutiers; j'arriverai bien à savoir quelque chose... Attends-moi ici.

VICTOR.

Ne me laissez pas seul trop longtemps; je ne connais pas la ville.

JÉROME.

Je te retrouverai avant une heure.

SCÈNE V.

VICTOR, puis GNAFRON.

VICTOR, seul.

Je vais mettre tout mes soins à prendre les renseignements que désire Monsieur Coq. Je ne veux pas qu'il puisse penser que je convoite sa succession & que je l'éloigne de sa famille. (*On entend Gnafron chanter :* Nous quitterons nous sans boire? *ou tout autre refrain bachique* (1).) Voilà un homme qui a l'air d'un bon vivant. Je crois que je puis m'adresser à lui.

GNAFRON, entrant sans voir Victor.

Je n'ai pourtant pas sifflé un verre de vin depuis hier soir. Je me range, décidément. Ah! c'est que le gousset est comme le gosier; il est sec... je chante, mais je suis triste. (*Il recommence à chanter.*)

---

(1) On trouve dans quelques manuscrits le couplet suivant :

Quand aura passé le flambeau	Dites : Ci-gît un frère,
De mon existence légère,	Un franc joyeux compère ;
Si vous venez à mon tombeau,	Et videz, amis, un flacon
Chers enfants du tonneau,	En mémoir' du père Gnafron.

VICTOR.

Mon ami, pardonnez-moi d'interrompre votre chanſon... je voudrais...

GNAFRON.

Ne vous gênez pas, M'ſieu ; je la recommencerai tout à l'heure.

VICTOR.

Je ſuis étranger dans cette ville ; voudriez-vous me rendre un petit ſervice?

GNAFRON.

Ah! M'ſieu, on voit bien que vous ne connaiſſez pas les Lyonnais. Y a jamais d'étranger pour nous. Qu'eſt-ce que je peux faire pour vous être agréable? M'ſieu veut-il accepter un verre de vin ?

VICTOR.

Je vous remercie. C'eſt un renſeignement que je voudrais avoir.

GNAFRON.

Vous ne pouvez pas mieux vous adreffer. Le père Gnafron n'a jamais quitté le quartier... & j'y connais tout le monde, depuis les boutiques jufqu'au cintième.

VICTOR.

Avez-vous connu autrefois la famille Coq?

GNAFRON.

Coq! je n'ai connu que ça. Le père était canut, biftanclaque; il eft mort & la mère auffi, qui était une des bonnes langues du quartier... On pouvait la charger d'habiller quelqu'un... habit, vefte & culotte, quand elle y avait paffé, y n'y avait pas befoin d'aller rue Impériale; y n'y manquait rien... Brave femme, du refte!... Ils avaient trois fils avec qui que j'ai poliffonné, quand j'étais petit... nous jouions au quinet enfemble; un joli jeu... On l'a défendu à préfent... on dit que ça 'aurait quéque fois dans les quinquets des paffants... c'eft dommage.

VICTOR.

Vivent-ils encore, les fils Coq?

GNAFRON.

Y en a un qui eft parti pour les Iles, où l'on a dit qu'il a été mangé par les fauvages, que c'était même le roi qui l'avait mangé parce qu'il était gras... Les deux autres font encore ici. Y en a un qui eft dans les coffus; il eft notaire.

VICTOR

Notaire?

GNAFRON.

Oui, M'fieu. Vous pouvez voir fa plaque ici, toute dorée : Coq, notaire.

VICTOR.

C'eſt un brave homme ?

GNAFRON.

Certainement! pour la bravoure!... fi M'fieu a du bien à placer, il peut le mettre dans fon étude & être tranquille... Mais nous ne nous fréquentons pas.. il eſt un peu fiéreux, quoiqu'on fe foit bien connu dans les temps... il ne voit plus les petits négociants.

VICTOR.

Vous êtes négociant ?

GNAFRON.

Oui, M'fieu, pour vous fervir.

VICTOR.

Et c'eſt par fon travail que Monfieur Coq eſt arrivé à cette pofition ?

GNAFRON.

Oui, oui : fon père l'avait mis faute-ruiſſeau chez un vieux papa à perruque, qui était là avant lui. Il eſt devenu troifième clerc, puis fecond, puis premier; puis il a acheté le trou...

VICTOR.

Et l'autre ?

GNAFRON.

Ah ! par exemple, celui-là, il n'eſt pas notaire... Je le connais beaucoup : nous buvons enſemble... Un bon enfant ! Il n'a jamais ſix ſous ſans m'appeler pour les manger avec lui... Nous ſommes collègues.

VICTOR.

Collègues ! & puis-je vous demander quel état ?

GNAFRON.

Nous ſommes bijoutiers.

VICTOR.

Bijoutiers !... c'eſt un bel état... qui demande beaucoup de goût.

GNAFRON.

(*A part.*) De goût ! Y en a aſſez quand on remue le baquet... (*Haut.*) Y ne faut pas confondre. C'eſt bijoutier ſur le genou.

VICTOR.

Bijoutier ſur le genou ! je ne connais pas cet état.

GNAFRON.

Nous ne montons pas le diamant ſur or ou ſur argent, nous le montons ſur cuir... vous ſavez la chanſon :

    Il fallait tirer avec les dents... ents,
    Du cuir mouillé plein de poix... oix.

VICTOR.

Ah! je comprends... cordonnier?

GNAFRON.

Vous êtes bien honnête... cordonnier en vieux.

VICTOR.

Savetier?

GNAFRON.

Oui; les gens qui ont reçu de l'éducance nous appellent savetiers; ceux qui n'en ont pas reçu nous appellent gnafres.

VICTOR.

Et fait-il ses affaires?

GNAFRON.

Bien petitement. Le commerce va si mal, & les cuirs sont si chers!... Mais c'est un fier ouvrier... Je lui porte souvent mon ouvrage, parce que je commence à avoir la vue un peu gogotte.

VICTOR.

Je vous remercie de tous ces détails, mon ami. Puis-je vous offrir quelque chose?

GNAFRON.

Oh! M'sieu; je ne vous demande rien.

VICTOR.

Mais non, mais non : je vous ai fait perdre votre temps ; faites-moi le plaifir d'accepter ceci, vous boirez à ma fanté.

GNAFRON.

Oh ! M'fieu, vous êtes bien honnête. Je vous remercie, mais c'eft bien pour ne pas vous fâcher... c'eft trop... De l'or !... mon habit n'en a jamais vu... Dites-moi, s'il vous plaît, combien eft-ce que ça fait, ce que vous me donnez là ?

VICTOR.

Soixante francs.

GNAFRON, à part.

Soixante francs ! mais c'eft un milord anglais cet étranger ! Je m'en vais acheter une bareille pour cet argent... (*Haut.*) M'fieu, puis-je vous demander votre nom ?

VICTOR.

Oh ! c'eft inutile.

GNAFRON.

Comme vous voudrez... C'eft que, voyez-vous, j'aurais fait mettre deux verres ; je les aurais remplis ; puis j'aurais dit : A votre fanté, M'fieu Jules, ou M'fieu Augufte, ou M'fieu Georges ! A la vôtre ! j'aurais répondu. J'aurais trinqué, j'aurais bu mon verre, puis j'aurais bu le vôtre... Ça fait plaifir.

SCENE V.

VICTOR.

Je m'appelle Victor.

GNAFRON.

Ah! Victor, c'est un joli nom! ça fait penser à la victoire qui rime avec boire... Pardonnez-moi encore, M'sieu, de vous demander votre état.

VICTOR.

Je suis rentier.

GNAFRON.

Ah! en voilà un fameux état!... M'sieu n'aurait pas besoin d'un associé par hasard?

VICTOR, riant.

Non, merci... Mais, dites-moi, où demeure votre ami, Monsieur Coq?

GNAFRON.

Tenez, M'sieu; vous voyez au coin de cette rue, cette baraque... C'est là qu'il demeure... Ces bottes qui pendent, c'est les aiguilles de sa pendule. Puis-je vous rendre encore quelque service, M'sieu?

VICTOR.

Je vous remercie, mon ami.

GNAFRON.

Si vous avez besoin de quéqu'un pour vous conduire par la ville... je vous ferai voir l'abattoir, le coq de Saint-Jean, la fontaine des Trois-Cornets ; n'y en a plus qu'un, mais c'est égal... la grille de la rue de Gadagne... le dôme de l'Hôpital, avec le lézard.

VICTOR.

Je vous remercie ; j'ai besoin de me reposer, je verrai la ville plus tard.

GNAFRON.

Allons, M'sieu, toujours à votre service... Je m'appelle Gnafron... je vais boire à votre santé, M'sieu Victor... (*A part.*) Si je mettais un troisième verre pour Guignol?... oui, je mettrai trois verres... (*Haut.*) Adieu, M'sieu Victor.

VICTOR.

Adieu, Monsieur Gnafron.

SCÈNE VI.

VICTOR, puis JÉROME.

VICTOR.

Allons, j'ai eu de la chance ; je me suis bien adressé. C'est une gazette, ce brave Monsieur Gnafron.

JÉROME, arrivant.

Te voilà! je t'ai fait attendre; mais je n'ai pas perdu mon temps. Mes deux frères vivent. L'un eſt notaire, l'autre ſavetier. Il ne me reſte plus qu'à connaître leur adreſſe.

VICTOR.

Hé bien! moi, j'ai encore mieux opéré que vous. Je la ſais, leur adreſſe; vous êtes tout près d'eux. Voici le notaire & voilà le ſavetier.

JÉROME.

En vérité?

VICTOR.

Voyez l'enſeigne du notaire.

JÉROME.

Tu as raiſon. Je vais commencer par lui; à tout ſeigneur, tout honneur!... Vas à l'hôtel faire préparer notre repas; il eſt probable que je vais dîner en famille. J'irai te retrouver ſous peu.

(*Victor ſort. — Jérôme frappe chez Gaſpard.*)

SCÈNE VII.

JÉROME, GASPARD.

GASPARD, ſortant.

Qu'eſt-ce?... Ah! un mendiant encore!... Bonhomme, je ne donne pas l'aumône chez moi. Il y a dans la ville des établissements pour les indigents, auxquels je verse une somme chaque année. Il faut vous y adresser ; on vous donnera ce qui vous est nécessaire.

JÉROME.

Vous vous trompez, Monsieur ; je ne demande pas l'aumône.

GASPARD.

Que me voulez-vous donc ? Parlez, mais hâtez-vous : je suis notaire ; mes affaires réclament tout mon temps, & je ne puis le perdre en conversations.

JÉROME.

Je viens, Monsieur, vous apporter des nouvelles de quelqu'un qui vous touche de près. Vous aviez un frère nommé Jérôme.

GASPARD, sechement.

Oui, un fort mauvais sujet, qui a fait beaucoup de chagrins à mon père. Il n'a jamais pu apprendre aucun métier ; il est parti pour l'Amérique. On croit qu'il y est mort de la fièvre jaune, ou qu'il a péri dans quelque folle expédition.

JÉROME.

C'est une erreur, Monsieur... Jérôme vit.

GASPARD.

Ah !... & sans doute il a toujours été le même : léger, paresseux, débauché, il n'a pas su épargner un sou.

JÉROME.

Vous vous trompez encore, Monsieur; il a amassé une fortune de plus de trois millions.

GASPARD.

Hum!... vous dites, Monsieur?

JÉROME.

Je dis que Jérôme a amassé une fortune de plus de trois millions, & qu'il a voulu revenir dans son pays auprès des siens, parce qu'il n'a pas d'enfant. Il a débarqué il y a quelques jours à Marseille, & il arrive aujourd'hui, tout à l'heure, par le prochain convoi du chemin de fer.

GASPARD.

(*A part.*) Trois millions! pas d'enfant! (*Haut.*) Pardonnez-moi : je n'avais pas compris d'abord : j'ai la tête cassée. Jérôme, mon frère, grand & noble cœur!... je le reconnais bien là. Il avait l'esprit aventureux, mais le coup d'œil sûr; une véritable capacité commerciale!... Pardonnez-moi, Monsieur; mais il faut que j'aille à sa rencontre; il ne se reconnaîtrait plus ici; notre ville a tellement changé d'aspect... (*A la cantonnade.*) Lafleur! François! mettez les chevaux à la voiture; nous allons au chemin de fer. Vite, vite! c'est un de mes frères qui arrive.

JÉROME, à part.

Ce n'est pas à ma rencontre qu'il va, c'est à celle de mes millions.

GASPARD

A tout à l'heure, Monsieur !

JÉROME.

Vous vous hâtez peut-être un peu. Je ne vous ai pas encore tout dit. Jérôme avait, comme je vous l'ai annoncé, gagné à la Martinique une fortune de plusieurs millions ; mais il ne l'a plus. Le vaisseau qui l'amenait en France a fait naufrage ; il a eu grand'peine à se sauver, & tout ce qu'il possédait a été englouti. Il a pu venir jusqu'ici, mais il est à peu près sans ressources.

GASPARD.

Ah ! peste ! (*A la cantonnade.*) Lafleur ! François ! attendez ; n'attelez pas ! mon frère n'arrive pas encore ! (*A Jérôme.*) Je vous fais compliment, Monsieur ; vous contez fort bien. Vous savez donner à vos narrations un intérêt, un charme saisissant ; mais je vous ai compris. Jérôme revient misérable comme il a toujours vécu. Il a appris que j'ai acquis par mon travail quelque fortune, & il vous envoie en éclaireur pour savoir ce qu'il pourra tirer de moi. Hé bien ! dites-lui que je ne veux pas le recevoir, que j'ai déjà assez d'autres membres de ma famille qui me font rougir, sans qu'il vienne ici étaler le spectacle de son inconduite... Je lui ferai passer quelque argent, une fois pour toutes... pourvu qu'il quitte la ville... Surtout, qu'il ne se présente pas chez moi... S'il vient, je le ferai jeter à la porte.

JÉROME.

Monsieur, il est votre frère !

GASPARD.

Pas un mot de plus. S'il se présente, je le ferai jeter à la porte. (*Il sort brusquement.*)

SCÈNE VIII.

JÉROME, seul.

J'ai bien réussi chez le notaire ! C'est peu encourageant pour le surplus de mes visites de famille ! Si celui qui a de l'éducation, des manières... qui est un homme comme il faut, m'a reçu de cette façon, comment me recevra donc le savetier ? Je crois que je n'ai qu'à faire mon paquet & à repartir... Il faut cependant aller jusqu'au bout. Faisons encore cet essai. (*Il frappe de l'autre côté.*)

SCÈNE IX.

JEROME, GUIGNOL.

GUIGNOL.

(*A l'intérieur.*) On y va! on y va ! (*Entrant.*) Bonjour, Moffieu. C'est pour un ressemelage, Moffieu ? Je peux vous faire ça tout de suite... (*A part.*) Le particulier n'a pas l'air cossu.

JÉROME.

Je vous remercie ; ce n'eſt pas pour cela que je viens.

GUIGNOL.

Et pourquoi donc ? C'eſt pour des clous ? Vos groles prennent l'eau ?

JÉROME.

Non plus... Je vais vous le dire. Vous vous appelez Coq ?

GUIGNOL.

C'eſt-à-dire... je m'appelais Coq autrefois,... mais à préſent je m'appelle plus que Guignol.

JÉROME.

Comment cela ?

GUIGNOL.

C'eſt mon frère le notaire qui m'a donné trois cents francs pour que je porte plus ſon nom.

JÉROME, à part.

Le nom de notre père !

GUIGNOL.

Même que, dans le quartier, on ſe moque de moi ; ça me fait biſquer... mais j'ai reçu l'argent, je l'ai même mangé... Faut ben que je tienne ma parole... S'il avait seulement voulu me donner ce matin cinq cents francs pour avoir la place de maître bottier dans un régiment, je l'aurais débarrassé, j'aurais quitté la ville... Mais qué que ça vous fait à vous tout ça, vieux?

JÉROME.

Vous aviez un frère nommé Jérôme?

GUIGNOL.

Oh oui! pauvre Jérôme! un bien bon enfant, lui! nous nous aimions bien... Il me donnait ben des tapes quéquefois; mais, c'est égal, je l'aimais bien. Quand il avait une brioche, ou un carquelin (1), ou une pomme, il m'en donnait toujours un morceau... & moi auſſi.

JÉROME.

Il y a longtemps que vous ne l'avez vu?

GUIGNOL.

Je pense bien. Il est parti pour l'Amérique, pour la Martinique ; que ſais-je ?... Y n'y a pas de chemin de fer pour ce pays-là... Oh! puis c'est un pays qu'est plein de ſauvages qui mangent les hommes... Pauvre Jérôme! Il est p't-être mort; & comment encore? Il a p't-être été mangé par un ſauvage ou par un cocodrille.

JÉROME.

Hé bien! non, il n'a pas été mangé, il n'est pas mort. Je l'ai vu il n'y a pas bien longtemps.

(1) Craquelin, ſorte de gâteau jadis fort apprécié de la jeuneſſe lyonnaiſe.

GUIGNOL.

Pas possible ?

JÉROME.

Il m'a chargé de vous donner de ses nouvelles & de vous dire qu'il viendra bientôt ici.

GUIGNOL.

Vraiment ?... & il doit être bien changé ?

JÉROME.

Oh ! si changé, que, voyez-vous, il serait devant vos yeux, vous ne le reconnaîtriez pas.

GUIGNOL, ému.

Oh ! mon Dieu, qu'est-ce que vous me dites donc là ?... Mon pauvre Jérôme... je le reconnaîtrais pas !... V'là que je me sens tout chose à présent !... Plus je vous regarde... C'est son nez, c'est ses yeux, c'est son parler... Allons, ne fais donc pas le bête... Jérôme !... ganache !... mon frère ! c'est toi !... (*Il se jette dans les bras de Jérôme.* — *Ils s'embrassent longuement.*)

JÉROME.

Mon bon frère !

GUIGNOL.

Comme te v'là changé, en effet. Te n'as pas rajeuni.

JÉROME.

Mais ni toi non plus, il me semble. Cependant je t'ai

reconnu tout de suite... Puis tu as conservé l'accent du pays.

GUIGNOL.

Ah! nom d'un rat, je n'ai pas voyagé comme toi. Mais dis-moi donc, que nous rapportes-tu de ton Amérique ? Il me semble que te n'as pas fait fortune là-bas.

JÉROME.

Hélas! non, mon frère : j'ai eu de grands malheurs. J'avais ramassé une petite fortune, je l'ai perdue.

GUIGNOL.

Que veux-tu ? Y aura ben ici un morceau de pain pour toi, en attendant que te trouves de travail ; sois tranquille.

JÉROME.

C'est que je ne suis pas venu seul.

GUIGNOL.

Je comprends... T'as épousé là-bas une négresse ; te l'amènes avec des mioches que ne sont pas blancs. Va, va ! nous coucherons & nous décrasserons ben tout ça. Nous les mettrons dans le baquet.

JÉROME.

Non, mon frère ; je n'ai point d'enfant ; mais je suis ici avec un jeune homme, un ami qui m'a sauvé la vie un jour où j'allais être tué par des brigands. Je l'avais adopté lorſque j'étais dans la richeſſe ; je ne puis pas l'abandonner aujourd'hui.

GUIGNOL.

Oh ! le brave garçon ! je voudrais l'embraſſer.

JÉROME.

Mais toi ? tu es marié, tu as des enfants ?

GUIGNOL.

Je ſuis veuve; ma Madelon eſt morte y a trois ans ; mais j'ai une fille, Louiſon. Il faut que te la voies, c'eſt une belle fille, va ! je vas l'appeler. Louiſon ! Louiſon ! avance ici ;... avance donc, n olaſſe !

SCÈNE X.

LES MÊMES, LOUISON.

LOUISON, de l'intérieur.

Me v'là, papa ! (*Entrant.*) Ah ! un m'ſieu !

GUIGNOL.

Te ſais ben, ton oncle Jérôme dont je t'ai ſi ſouvent parlé... Hé ben ! le v'là ! embraſſe-le.

LOUISON.

Ah ! mon oncle ! (*Elle l'embraſſe.*)

SCENE X.

JÉROME.

Je te fais compliment. Elle est très-gentille, ta Louison.

LOUISON.

Vous êtes bien honnête, mon oncle. Mon père me parlait bien souvent de vous. Il me racontait les farces que vous faisiez ensemble quand vous étiez petits; & quand on lui disait que vous étiez mort, il ne voulait jamais le croire.

JÉROME.

Brave frère!

GUIGNOL.

Louison, faut faire la soupe pour quatre.

LOUISON, bas.

Papa, j'ai point de beurre.

GUIGNOL, de même.

Mets-y ma colle : ça donne très-bon goût.

JÉROME.

Je vous quitte pour un instant, mes enfants. Je vais chercher ma malle à l'auberge où je suis descendu & je vous amènerai mon ami Victor. (*Il sort.*)

GUIGNOL.

Ne sois pas longtemps. Je vas faire faire le dîner.

(*A la cantonnade.*) Fais bien attention aux omnibus. Marche fur les trétoirs. Allons! bon! V'là un boulanger qui l'attrappe avec fon ouche... Prenez donc garde, mitron! C'eſt mon frère.

SCÈNE XI.

GUIGNOL, LOUISON.

LOUISON.

C'eſt bien facile de dire : Je vas faire faire le dîner. Mais avec quoi? j'ai pas d'argent.

GUIGNOL.

Combien t'a-t-on donné fur les bottes du poſtillon?

LOUISON.

Trente fous; & vous avez déjà bu un litre là-deſſus.

GUIGNOL.

Ah! nom d'un rat!... Faudra acheter un quart de falé... quatre têtes de mouton... Ah! puis, je me rappelle qu'il aimait bien le gras-double. J'ai là-haut un vieux tablier de cuir bien gras, qui ne ſert plus, te le couperas en petits morceaux... A la poêle, avec un oignon, deux fous de graiſſe blanche & bien de vinaigre, ça fera à fe licher les doigts.

SCENE XI.

LOUISON.

Vous croyez, papa ? Ça f..a ben un petit peu dur.

GUIGNOL.

Te mettras de linge blanc fur la table.

LOUISON.

Où voulez-vous que je le prenne ?

GUIGNOL.

Mets ma chemife que j'ai quittée famedi.

LOUISON.

Mais, papa, elle eft toute fale.

GUIGNOL.

Sale ! je l'ai portée que quinze jours !... Te la retourneras à l'envers, & te mettras les manches en dedans.

LOUISON.

Ça fera joli !

GUIGNOL.

Allons, vas vite !... Ah ! dis-moi, faudra inviter Gnafron.

LOUISON.

Votre Gnafron, je fais pas ce qu'il a... il boit depuis ce matin, il peut plus fe tenir.

GUIGNOL.

Raison de plus! il est charmant quand il est pochard. Il égaye toute une société : il sait tant de chansons, il a une voix superbe. Nous lui ferons chanter : *Où peut-on être mieux ?...*

LOUISON.

Mais où prendre l'argent ?

GUIGNOL.

Ah bah! crève l'avarice, & vive la joie! J'ai encore une couverture... zou!... au Mont-de-piété!... je me couvrirai cette nuit avec des écopaux. C'est pour mon frère!... j'y vas pendant que te fais le fricot.

SCÈNE XII.

GASPARD, seul.

Je suis ruiné, déshonoré, perdu... Une lettre de Marseille m'annonce la faillite d'un armateur auquel j'avais avancé des sommes considérables!... Si je ne trouve pas aujourd'hui même deux cent mille francs, je suis obligé de prendre la fuite... Qui l'aurait dit? une affaire qui s'annonçait si bien! Mais que faire? bon Dieu! que faire? (*On entend chanter Gnafron.*)

SCÈNE XIII.

GASPARD, GNAFRON.

GNAFRON, ivre.

Sapristi ! j'y vois pas bien clair : y fait aujourd'hui un brouillard ! (*Il heurte Gaspard.*)

GASPARD.

Faites donc attention, ivrogne !

GNAFRON.

Ah ! c'est vous, M'sieu Coq ! pardon, excuse, je vous voyais pas ; c'est le brouillard... Mais faut pas rudoyer le pauvre monde... Ah ! votre frère Jérôme est pas comme vous ; il m'a touché la main.

GASPARD.

Jérôme ! il est donc ici ?

GNAFRON.

Ah ! je crois ben ; & il est ben aussi cossu que vous. Ah ! il en a des pécuniaux celui-là ! il est galonné sur toutes les coutures... Son ami qui est venu avec lui m'a donné trois jaunets pour boire ; & je fais bien sa commission... je les fais pas moisir, ses jaunets ; depuis ce matin j'arrête pas de pomper.

GASPARD.

Est-il possible?... Ah! maladroit que j'ai été! c'est Jérôme qui s'est présenté à moi ce matin; c'était une épreuve... Et comment l'ai-je reçu?... Tous les malheurs fondent sur moi en même temps... Il est riche, il revient d'Amérique; il n'y a que lui qui puisse me sauver... Mais comment réparer ma conduite? comment le retrouver d'abord? Il faut que j'aie cet argent aujourd'hui.

GNAFRON.

Il a vu votre frère Guignol; ils se sont embrassés.

GASPARD.

Et où est-il à présent, ce cher Jérôme?

GNAFRON.

Ah! je sais pas; mais il m'a dit qu'il allait venir chez Guignol... M'sieu Coq, on pourrait pas vous offrir un verre de vin?... Voyez! les jaunets ont pas encore tous passés dans mon gésier.

GASPARD.

Non, non, je vous remercie. (*A part.*) Il faut que je parle à Guignol.

GNAFRON.

Adieu, M'sieu Coq. Je vas boire à la santé de votre frère... & à la vôtre aussi, bah!... à la santé de toute la famille Coq!... Vive la famille Coq! (*Il sort. Gaspard frappe chez Guignol : Guignol entre.*)

SCÈNE XIV.

GASPARD, GUIGNOL.

GASPARD.

Guignol, dis-moi, je te prie...

GUIGNOL.

Tiens, il me tutoye à préfent. Que voulez-vous, Monfieur Coq ?

GASPARD.

Tu as vu notre frère Jérôme ?

GUIGNOL.

Je fuis donc votre frère à préfent ?

GASPARD.

Oublie ce qui s'eft paffé, j'ai eu tort. Tu as vu Jérôme ?

GUIGNOL.

Oui, je l'ai vu, il va venir manger ma foupe. Voulez-vous dîner avec nous ?

GASPARD.

Je te remercie ; je fuis un peu preffé... Où eft-il ?

GUIGNOL.

Je fais pas, il eſt allé à ſon auberge ; il va apporter ſa malle. Je crois ben qu'elle n'eſt pas ben lourde. Pauvre garçon ! il eſt comme moi, il y a de la ...ce dans ſon gouſſet.

GASPARD.

Mais tu te trompes, Guignol. Jérôme eſt riche, très-riche ; millionnaire peut-être.

GUIGNOL.

Oh ! pour ça, c'eſt pas vrai.

GASPARD.

Je viens de l'apprendre, j'en ſuis certain.

GUIGNOL.

On t'a tiré une craque ; je te dis que c'eſt pas vrai. S'il était riche, il aurait plus ſon air bon enfant des autres fois. S'il était riche, il m'aurait pas tutoyé, il m'aurait pas appelé ſon frère. S'il était millionnaire, il aurait fait comme toi ; il m'aurait jeté quelques écus pour que je porte plus le nom de notre père ; ou ben, il l'aurait quitté, lui, ce nom, pour ſe faire noble à la douzaine... Il m'aurait défendu de me préſenter devant lui, en me menaçant de me faire jeter à la porte par ſes gens... Va, va ! je te dis qu'il eſt pauvre ; il m'a embraſſé de trop bon courage, & en pleurant encore... Te ne pleures pas comme ça, toi ; t'es riche. (*Vers la fin de cette ſcène, Jérôme a paru dans le fond avec Victor.*)

SCÈNE XV.

GASPARD, GUIGNOL, JÉROME en costume riche, VICTOR.

JÉROME, se montrant.

Tu te trompes, Guignol. La richesse n'endurcit que les méchants & les orgueilleux. Ceux qui ont du cœur, quand le bon Dieu leur a donné la prospérité, reconnaissent toujours leurs parents & leurs vrais amis... Oui, mon cher frère, je suis riche; je suis trois fois millionnaire, & je veux que tu sois heureux avec moi.

GUIGNOL.

Sapristi, quel beau paletot tu as!... & un chapeau à trois lampions!

JÉROME.

Hé bien! Monsieur le notaire, me permettez-vous à moi de porter le nom de Coq?

GASPARD.

Pardonnez-moi, mon frère, de ne vous avoir pas reconnu ce matin. Les soucis, les affaires m'avaient troublé l'esprit; je ne savais plus ce que je faisais. Prenez pitié de moi; vous voyez devant vous le plus malheureux de tous les hommes. Je suis ruiné si vous ne venez à mon secours. Je viens d'éprouver une perte considérable, & si, dans la journée, je ne trouve pas deux cent mille francs à emprunter, je suis perdu.

JÉROME.

Avez-vous eu pitié de moi, quand vous me croyiez misérable ? Et Guignol, lui avez-vous prêté ce matin les cinq cents francs qui pouvaient le tirer de la misère ?

GUIGNOL.

Jérôme ! c'est notre frère !... nous avons eu tous trois le même p'pa & la même m'man. Tu sais ben, il était ben gentil quand il était petit. Il avait une petite culotte bleue avec une pièce verte... au coude. Il a de chagrins ! les escalins te manquent pas. Lâche-lui de médailles ! Lâche-lui de médailles !

JÉROME.

Vous lui avez donné trois cents francs pour qu'il ne portât plus le nom de notre père ; je vous en donne trois cent mille pour que vous ne déshonoriez pas ce nom.

GASPARD.

Merci, mon frère ! (*Il s'en va.*)

SCÈNE XVI.

JÉROME, GUIGNOL, VICTOR, PUIS LOUISON.

JÉROME.

Allons, il faut nous réjouir à présent.

LOUISON, entrant.

Papa, le dîner est prêt.

SCÈNE XVI.

JÉROME.

Ecoute, mon frère... Ta boutique est un peu étroite pour que nous y dînions tous à l'aise. Je vais vous emmener dîner au cabaret. D'autant plus que, si tu le veux, Guignol, ce dîner sera un repas de fiançailles.

GUIGNOL.

Comment ça ?

JÉROME.

Je veux te demander la main de ta fille Louison pour Victor, mon fils adoptif.

GUIGNOL.

Monsieur Victor, qui t'a sauvé la vie ! Oh ! je donne mon consentement.

JÉROME.

Et toi, Louison ?

LOUISON.

Je ne suis qu'une pauvre fille sans éducation, mon oncle. Comment puis-je devenir la femme d'un jeune homme bien élevé ?

JÉROME.

La dot est mon affaire ; & pour l'éducation ça ne sera pas long. Je te ferai donner des maîtres : en six mois tu seras une fille accomplie.

VICTOR.

Mademoiselle, je ferais le plus heureux des hommes si vous pouviez être du même avis que Monsieur Jérôme.

GUIGNOL.

Allons, z'enfans, donnez-vous la main, & embrassez-vous... Jeune homme, faudra ben me la rendre heureuse, au moins !

JÉROME.

Nous allons conclure cette affaire-là à table... Toi, Guignol, tu resteras avec nous ; nous ne nous quitterons plus.

GUIGNOL.

C'est qu'en dehors de la savaterie, je suis pas bon à grand'chose.

JÉROME.

Hé bien, tu feras des souliers pour tous les pauvres de la ville. Je te fais un abonnement de dix mille francs par an pour ça.

GUIGNOL.

Ah ben, décidément me v'là maître bottier ! Ce n'est plus le même régiment, mais je suis toujours sûr de ne pas manquer de pratiques... Dis donc, Louison, faudra pas oublier d'aller retirer les bottes du postillon.

SCENE XVI.

AU PUBLIC.

Meſſieurs, nous voilà tous riches, & cependant il nous manque encore quelque choſe. Nous vous avons dit tant de gognandiſes (1) que nous en ſommes tout honteux. Mais ſi nous étions ſûrs de vous avoir réjouis, nous ſerions fiers comme des Coqs.

FIN DES FRÈRES COQ (2).

---

(1) *Gognandiſes;* billeveſées, bêtiſes.

(2) *Les Frères Coq* eſt une des rares pièces qu'une tradition conſtante attribue à Mourguet, 1ᵉʳ du nom. Bien que les retouches ſucceſſives ſoient très-viſibles dans les leçons qui ſe jouent aujourd'hui, le tiſſu de l'intrigue & les principales ſcènes ſe ſont tranſmis à nous à peu près intacts. Il eſt facile d'y reconnaître une donnée déjà pluſieurs fois miſe au théâtre, notamment dans *l'Habitant de la Guadeloupe*, de Mercier. Mais, ſur cette donnée de lieu commun, Mourguet a fait une pièce très-originale, très-bien filée, où les ſentiments du peuple ſont très-bien compris & très-bien exprimés. *Les Frères Coq* eſt le chef-d'œuvre du théâtre Guignol de Lyon.

LE PORTRAIT DE L'ONCLE

PIÈCE EN UN ACTE

PERSONNAGES

M. DURAND, *rentier, 83 ans.*
GUILLAUME, } *ses neveux.*
GUIGNOL,
MADELON, *femme de Guignol.*
M. DÉLICAT, *notaire.*

LE PORTRAIT DE L'ONCLE

PIÈCE EN UN ACTE

Le théâtre représente un village ou une place de petite ville. On doit voir une maison qui est celle de l'oncle.

SCÈNE PREMIÈRE.

M. DURAND, GUILLAUME, GUIGNOL.

(L'oncle sort de sa maison soutenu par ses deux neveux qui s'empressent à l'envi de lui donner leurs soins.)

GUIGNOL.

ALLONS! ne bouligue (1) donc pas ce pauvre oncle comme çà. Te vois ben que te le fais marcher trop vite. Il n'a plus ses picarlats (2) de quinze ans.

(1) *Bouliguer;* agiter, remuer.
(2) *Picarlats;* cotrets : *ses picarlats*, par une figure de rhétorique, ses jambes.

GUILLAUME.

C'est toi qui le soutiens mal. Tu es si maladroit !

GUIGNOL.

Te ne l'es pas, toi ?.. Fais donc tes embarras !

DURAND.

La paix ! la paix, mes enfants ! je ne veux pas que vous vous disputiez. Je suis très-content de vos soins à tous deux... Approchez-moi de cette terrasse... Comme ce soleil m'échauffe & me ranime ! Il me fait oublier mes quatre-vingt-trois ans, mon catharre, mes rhumatismes, &c., &c... Hélas ! mes chers neveux, on n'a pas comme moi fait de longs voyages & amassé à la sueur de son front une petite fortune, sans amasser en même temps bien des infirmités.

GUIGNOL.

Laissez donc, mon oncle, vous êtes vigoret comme un grillon.

DURAND.

Non, non, mon ami ; j'ai passé une mauvaise nuit... Mais je ne sais pourquoi ce matin je me sens jeune... & je me souviens que lorsque j'étais en Prusse, je rencontrai un de mes amis qui avait le même âge que moi... Tenez, c'est le peintre qui a fait mon portrait, celui qui est dans ma salle à manger.

GUIGNOL.

Celui où vous avez une lévite ponceau avec une canne à pommeau.

GUILLAUME.

Il est d'une ressemblance parfaite.

DURAND.

C'est un tableau de maître... Je veux le donner à l'un de vous... Voyons, Guignol, veux-tu que je le mette dans ton lot? En auras-tu bien soin après moi?

GUIGNOL.

Oh! je crois bien; j'osais pas vous le demander. Je le mettrai devant mon lit pour ne pas le perdre de vue, & je dirai à mes mioches: Vous voyez ben c't ancien! C'est mon oncle Durand, un brave homme, qui m'aimait bien. Tâchez d'être gentils comme lui, si vous voulez pas que je vous donne des tapes.

DURAND.

Allons, décidément, je me sens beaucoup mieux aujourd'hui... Je veux en profiter pour faire ce que mon âge me conseille depuis longtemps; je veux faire mon testament.

GUIGNOL.

Oh! laissez donc ça, mon oncle. Profitez de ce que vous allez mieux pour vous benaiser. Ces histoires de testament, de notaire, ça vous tournera le sang & ça vous refera malade.

GUILLAUME.

Non; mon oncle a raison... Un testament ne fait jamais mourir... Au contraire, quand on a mis ordre à ses affaires, on est plus calme, plus frais. D'ailleurs, est-ce que mon oncle n'est plus d'âge à s'occuper de son bien?.. Qu'est-ce que quatre-vingts ans? Il y a plus d'un centenaire aujourd'hui. Je lisais l'autre jour dans un journal qu'il y en avait quatre à Madrid.

DURAND.

Cela m'étonne : je ne croyais pas que dans les pays chauds... mais enfin c'est encourageant... Je veux cependant accomplir mon projet. Allez me chercher Monsieur Délicat, le notaire.

GUILLAUME.

Va, Guignol.

GUIGNOL.

Va toi-même.

GUILLAUME.

Je reste auprès de mon oncle.

GUIGNOL.

Je peux ben y rester aussi bien que toi : j'en aurai bien aussi soin.

DURAND.

Vas-y, Guignol, je t'en prie.

GUIGNOL, sans bouger.

Oui, mon oncle, j'y vas puisque vous me le commandez. (*Il fait un pas.— à Guillaume :*) C'eſt pas rien parce que te me l'as dit, toi. Te n'as rien à me commander... C'eſt pour faire plaiſir à mon oncle. (*Il fait un pas & revient.*) J'y cours, mon oncle ; mais c'eſt pour vous, & pas pour lui. Il n'a rien à me commander, n'eſt-ce pas ?... (*Il fait quelques pas & revient.*) Eſt-ce ici, mon oncle, ou chez vous qu'il faut mener le notaire ?

DURAND.

Chez moi, mon ami.

GUIGNOL.

J'y vas, mon oncle, puiſque vous le voulez... (*à Guillaume :*) Faiſeur d'embarras, va! (*Il revient encore après avoir diſparu, mais ne dit rien qu'un* ouh ! *adreſſé à Guillaume.*)

SCÈNE II.

M. DURAND, GUILLAUME.

GUILLAUME.

Mon pauvre couſin eſt toujours le même, mon oncle.

DURAND.

Il faut être indulgent pour lui, Guillaume.

GUILLAUME.

Vous voyez comme il eſt maladroit ! il a l'eſprit ſi court !

DURAND.

Mais non ! il n'eſt pas ſot. S'il n'a pas d'inſtruction, l'intelligence ne lui manque pas. Puis il a un bien bon cœur.

GUILLAUME.

Bah ! ſa langue n'épargne perſonne. Quand on a le malheur de s'oublier, il vous ſaigne à blanc. Ah ! il ne fait pas bon avoir beſoin de ſes renſeignements.

DURAND.

Il eſt toujours mal de médire, mais s'il ne dit la vérité que quand on la lui demande, il n'a pas de tort. Je ſuis ſûr d'ailleurs qu'il parle plus par étourderie que par méchanceté.

GUILLAUME.

Oh ! mon oncle, j'ai bien peur qu'il ne faſſe pas honneur à la famille !

DURAND.

Comment cela ?

GUILLAUME.

Il a des dettes.

DURAND.

Ah !... ſont-elles fortes ?

GUILLAUME.

Il doit par ci, par là, à son épicier, à son boulanger... Il a emprunté vingt francs à l'un de ses amis.

DURAND.

L'hiver a été mauvais, le travail a manqué. Il n'y a pas de mal à emprunter dans un moment de gêne... Vingt francs, ce n'est pas une grosse dette, il pourra rembourser.

GUILLAUME.

Oui, s'il travaillait, s'il avait de l'ordre ; mais c'est un flaneur sempiternel. On le voit à tout instant au cabaret.

DURAND.

Est-ce qu'il y va souvent?... Je sais qu'on l'y voit quelquefois le dimanche, de loin en loin.

GUILLAUME.

Oh ! je ne prétends pas qu'il y aille tous les jours ; mais dans sa position, il n'y devrait pas aller du tout.

DURAND.

Il est bien permis de prendre parfois un peu de distraction... quand il n'y a pas d'abus.

GUILLAUME.

Vous êtes la bonté même, mon oncle. Je souhaite comme vous que nous n'ayons pas à nous repentir de la conduite de Guignol, mais...

SCÈNE III.

LES PRÉCÉDENTS, GUIGNOL.

GUIGNOL.

Mon oncle, Monsieur Délicat va venir. Quand je suis arrivé, il était occupé à faire un partage entre deux héritiers à qui un parent avait laissé une vache & un chien par égales parts. Il avait bien du mal à leur partager ça; mais il a fini. Il m'a dit : Je vais m'empresser de mettre mon ministère à la disposition de Mossieu votre oncle. (*Il salue en imitant le notaire.*)

DURAND.

Je te remercie. Il faut que je rentre pour mettre quelques papiers en ordre, avant l'arrivée du notaire. Donnez-moi votre bras. (*Tous deux s'empressent autour de lui.*)

GUILLAUME, à Guignol.

Allons, un peu moins de mouvement; tu vas encore le faire tomber.

GUIGNOL, à part.

Ah! que te me fais bouillir! la main me demenge.

DURAND, arrivé vers la porte.

Guignol, reste, je t'en prie, pour recevoir le notaire & le faire entrer chez moi. Guillaume m'accompagnera jusque dans mon appartement.

GUIGNOL.

Puisque ça vous fait plaisir, mon oncle, je reste.

SCÈNE IV.

GUIGNOL, puis M. DÉLICAT.

GUIGNOL, seul.

Guillaume a ben envie, je crois, de me jouer un pied de cochon. Il est dans le cas de tourmenter ce pauvre oncle pour lui soutirer quelques écus... Je me tiendrai sur le qui vive !

DÉLICAT, arrivant.

Monsieur Guignol ! (*Saluts ridicules réciproques.*) Monsieur Durand est-il chez lui ? est-il alité ?

GUIGNOL.

Ce pauvre cher homme est tout patraque (1) ! Pourtant il s'est levé aujourd'hui, il dit qu'il va mieux... C'est lui qui a voulu faire son testament ; moi, je lui conseillais pas, crainte que ça lui fasse mal.

DÉLICAT.

Quel enfantillage !

GUIGNOL.

Dites donc, Monsieur le notaire, vous savez que nous sommes deux neveux de mon oncle, mon cousin Guillaume & moi ; vous me connaissez, vous savez que je

---

(1) *Patraque ;* maladif, indisposé.

suis un brave garçon. Ne faites pas pour l'un plus que pour l'autre.

DÉLICAT.

Monsieur Guignol, cette supposition m'offense. Dans la famille des Délicat, nous sommes notaires de père en fils depuis dix-sept générations... & toujours nous avons pesé les actions de notre ministère à la balance de la plus rigoureuse justice... Ma clientèle embrasse tout ce qu'il y a de plus considérable dans le pays. Je suis membre du Conseil municipal, du Conseil de fabrique, de la Société d'agriculture, d'horticulture & de pisciculture, de la Société de pomologie, d'archéologie & de géologie... décoré de plusieurs médailles au Comice agricole... & vous croyez que je laisserais la corruption entamer ce trésor d'honneur, amassé par les années, par le travail & par l'intégrité la plus incontestée ?...

GUIGNOL.

(*A part.*) Ah ben! j'ai joliment mis cuire! (*Haut.*) Monsieur Délicat, j'ai pas eu l'intention de vous offenser; faites pas attention à ce que je vous ai dit. Je vas vous mener vers mon oncle.

DÉLICAT.

Je vous suis, Monsieur Guignol. Soyez persuadé que je respecterai scrupuleusement les volontés de Monsieur Durand & que je n'exercerai sur lui aucune influence. (*Guignol entre avec lui chez M. Durand, & en sort aussitôt. — Guillaume en sort un instant après.*)

SCÈNE V.

GUIGNOL, puis GUILLAUME.

GUIGNOL, seul.

Il prend vite la mouche, le notaire ! mais enfin ce que je lui ai dit n'était pas bien fait pour le fâcher cependant.

GUILLAUME, arrivant.

Monsieur Délicat est avec mon oncle ; je me suis retiré par discrétion.

GUIGNOL.

Dis donc qu'on t'a passé dehors. Je te connais, va ; si t'avais pu rester, te te serais pas gêné... C' pauvre oncle, j'ai ben peur que nous le gardions pas longtemps... Mais dis donc, Guillaume, je voulais te parler de quéque chose... Y a-t-y longtemps que te n'as pas vu ma fille, ma Louison ?

GUILLAUME.

Je la vois tous les jours ; elle est encore venue chez moi, hier, acheter un quart de sucre... qu'elle n'a pas payé, par parenthèse.

GUIGNOL.

Eh bien, comment la trouves-tu ?

GUILLAUME.

Elle n'est pas mal.

GUIGNOL.

N'eſt-ce pas?... Elle eſt joliment plantée; & puis, pas faignante; elle aide à ſa mère comme une femme... Elle fait plus de la moitié de l'ouvrage de la maiſon... Elle eſt ſolide comme le pont Tilſitt... Et une poigne!... Elle vous revire une omelette d'un coup de poing; que la poële ſoye froide, qu'elle ſoye chaude, c'eſt tout de même!

GUILLAUME.

Pourquoi me dis-tu tout ça?

GUIGNOL.

N'as-tu pas remarqué qu'avec ton fils Claude... un joli garçon auſſi... ils ſe ſurchottent?... Ces enfants ont l'air de ſe convenir... L'autre jour il a rencontré Louiſon à la pompe; il lui a porté ſon ſiau juſqu'à la maiſon. Hier il lui a donné un bouquet de muguets... Si nous les mariions, voyons?

GUILLAUME.

Qu'eſt-ce que tu donnes à ta 'lle?

GUIGNOL.

Te ſais bien que je ſuis pas un milord. Elle aura la garde-robe en noyer de notre grand, un miroir & une lichefrite que nous lui avons gardés de l'héritage de la tante Bazu... Madelon lui donnera deux rangs de ſa chaîne... & je tâcherai d'aligner quéques écus pour lui faire un petit trouſſeau.

GUILLAUME.

Tout çà c'est de la rafataille!... Tu ne sais donc pas que je donne à Claude cinq mille francs en le mariant, & que plus tard il aura la suite de mon commerce!... Ta Louison ne peut pas me convenir.

GUIGNOL.

Mais si ces enfants se conviennent?

GUILLAUME.

Est-ce que les parents doivent faire attention à ça? Guignol, garde ta poule, je garde mon coq.

GUIGNOL.

Te fais ben le fier, mon cousin! Te n'as pas toujours eu le gousset si plein! On dirait que je te connais pas.

GUILLAUME.

De quoi te mêles-tu? J'ai travaillé, moi! je n'ai pas changé trente fois d'état! moi! C'est pas en menant la vie d'un vacabond qu'on ramasse quéque chose.

GUIGNOL.

Vacabond! que te dis! Redis-le donc, mauvais épicier! On sait bien comment t'as gagné tes quatre sous. Avec ton fromage fort qui empoisonne tout le quartier; que t'y mets toutes les salerés que te trouves dans le ruissiau... Et ton poivre que te vas prendre chez les scieurs de long... Et ta balance qui a un gros sou par dessous... T'as été dans le journal, il y a deux mois...

GUILLAUME.

Tais-toi, poliſſon! tu n'es qu'un vaurien.

GUIGNOL.

Attends, attends... Vaurien! tiens; voilà le vaurien! (*Il lui donne un coup de tête.*)

GUILLAUME s'enfuit en criant, & revient dire:

Oui, poliſſon! vaurien!

GUIGNOL, lui donnant un autre coup de tête.

Tiens!... Ah! te crois que te me feras toujours comme quand j'étais petit, que te me donnais des tapes toute la journée. (*Guillaume s'enfuit.*)

SCÈNE VI.

GUIGNOL, MADELON.

MADELON, accourant.

Hé bien! qu'eſt-ce que c'eſt donc que ce ſicotti (1)? Te te mettras donc toujours dans des battures? Puis après te me reviendras tout dépillandré.

GUIGNOL.

C'eſt Guillaume qui vient de recevoir un atout. Je lui ai parlé de notre Louiſon pour ſon fils Claude, parce

(1) *Sicotti;* tapage, bruit.

qu'y me semble que ces enfants se surchottent ; il a fait le fier, il m'a envoyé promener, il m'a appelé vaurien, & je lui ai cogné le melon.

MADELON.

Y valait ben la peine de vous battre. Son grand gognand (1) de Claude! j'en voudrais point pour Louison, & Louison en voudrait pas non plus. C'est pas avec lui, c'est avec Bastien, le fils du maréchal, qu'ils se surchottent.

GUIGNOL.

Ah ben, tant mieux !

MADELON.

T'es toujours le même ;... te parles sans savoir ce que te dis. Te ne fais que des bêtises !

GUIGNOL.

Celle-là n'est pas bien grosse. Laisse-moi la paix ! Mon oncle Durand est là chez lui avec le notaire ; il fait son testament... On va sortir dans un moment... Va faire ta soupe.

MADELON.

Ah ! ce pauvre vieux, s'il pouvait nous laisser quéque chose!... je m'achèterais... une crinoline. (*Elle sort.*)

---

(1) *Grand gognand;* grand mal bâti, décontenancé, imbécile.

SCÈNE VII.
GUIGNOL, GUILLAUME.

GUILLAUME, entrant.

Notre oncle a fait son testament ; mais aussitôt que ça a été fini, il s'est trouvé plus mal ; il a fait appeler Monsieur le curé... Monsieur le curé est venu, & quelques instants après il a passé.

GUIGNOL, pleurant.

Ah! mon Dieu! mon Dieu! & moi qui l'ai pas embrassé!... Pauvre oncle, qui m'aimait tant quand j'étais petit... qui m'achetait des carquelins, des gobilles, des ronflardes... Ah! il était si bon enfant!... Etre mort si vite que ça!

GUILLAUME, insensible.

Ah! bah! il avait bien fait son temps!.. Tout le monde ne va pas à quatre-vingt-trois ans... A quoi lui servaient ses biens, à son âge, son argent, sa terre?... Au lieu que...

SCÈNE VIII.
LES PRÉCÉDENTS, M. DÉLICAT.

DÉLICAT.

(*Il salue.*) Messieurs, Monsieur Durand, votre oncle, d'honorable mémoire, vient de décéder. Son testament que j'ai reçu en la forme authentique, & que je vais déposer dans mes minutes, devient dès-lors irrévocable. J'ai l'honneur de vous annoncer que le défunt a institué pour son légataire universel Monsieur Guillaume, son neveu, & qu'il institue Monsieur Guignol, son autre neveu, légataire à titre particulier de son portrait avec le cadre & accessoires, à la charge de faire faire audit cadre, dans les vingt-quatre heures, les réparations nécessaires. Le défunt m'a chargé de veiller à l'exécution de cette partie du testament, ainsi que de ce qui concerne les œuvres pies, & j'ai l'honneur d'annoncer à Monsieur Guignol, que s'il ne se mettait pas, dans le plus bref délai, en mesure d'exécuter lesdites réparations, je serais obligé de lui enlever ledit portrait, pour en faire don à une œuvre de bienfaisance, conformément aux dispositions énoncées dans ledit testament... Messieurs! (*Il salue & sort.*)

SCÈNE IX.

GUIGNOL, GUILLAUME.

GUILLAUME, d'un air narquois.

Hé bien! Guignol! tu as le portrait que tu avais tant envié!

GUIGNOL, un peu désappointé.

Mon oncle au moins m'a pas oublié tout à fait... Il était maître de son bien... & moi, j'oublierai pas non plus tout ce qu'il a fait pour moi, quand j'étais petit.

GUILLAUME.

C'eſt bien, tu es philoſophe !

GUIGNOL.

Allons, je vais prendre ce potrait pour le faire réparer. *(Il fait quelques pas pour entrer dans la maiſon.)*

GUILLAUME, *ſe mettant devant la porte.*

Je te défends d'entrer. La maiſon eſt à moi à préſent. Tu n'as rien à faire ici : je ne veux pas que tu ailles rodaſſer dans tous les coins.

GUIGNOL.

Tiens, elle eſt donc de ſucre, ta maiſon ! T'as peur qu'on te la mange... Hé bien, donne-moi le potrait tout de ſuite.

GUILLAUME.

Reſte là, je vais le chercher... *(A part.)* Il faut que je faſſe vite viſite aux tiroirs ; le bonhomme devait avoir de l'argent. *(Haut.)* Brave & digne homme ! il avait eu la ſageſſe d'économiſer, & il eſt mort dignement en faiſant un bon uſage de ſes économies, lui ! *(Il entre dans la maiſon.)*

SCÈNE X.

GUIGNOL, MADELON.

MADELON.

On vient de me dire que l'oncle Durand eſt mort...

Pauvre brave homme! il a dû laisser des escalins (1)... T'a-t-il donné quéque chose?

GUIGNOL.

Oui, oui... Mais dis donc, Madelon! qu'as-tu d'argent aujourd'hui dans le tiroir?

MADELON.

J'ai quarante-huit sous.

GUIGNOL.

Amène-les tout de suite.

MADELON.

Et avec quoi que j'achèterai le dîner?... Qué que t'en veux faire?... Te veux aller boire avec ton cousin, ivrogne!... Pas plus tôt l'oncle mort, tu veux aller te mettre en ribotte... J'ai plus à la maison qu'un oignon & un corsenère.

GUIGNOL.

Tais-toi donc! te raffoules (2) toujours... C'est pas pour boire, c'est pour retirer ce que l'oncle m'a laissé.

MADELON.

Ah! ah! que t'a-t-il donc laissé? (*Silence.*) T'a-t-il laissé sa maison?

(1) *Des escalins*; de l'argent.
(2) *Raffouler*; gronder, radoter.

GUIGNOL.

Non... il l'a laiſſée à Guillaume.

MADELON, avec un accent de déſappointement & de dépit croiſſant à chaque réplique.

Ah !... t'a-t-il donné le jardin ?

GUIGNOL.

Non... il l'a donné à Guillaume.

MADELON.

Ah !... t'a-t-il donné ſa vigne ?

GUIGNOL.

Non... il l'a donnée à Guillaume.

MADELON.

Ah !... t'a-t-il donné ſon pré ?

GUIGNOL.

Non... il l'a donné à Guillaume.

MADELON.

Ah !... il t'a donc donné ſon mobilier ?

GUIGNOL.

Non... il l'a donné à Guillaume. Il ne m'a donné qu'une pièce de ſon mobilier.

MADELON.

Ah!... t'a-t-il donné son armoire?

GUIGNOL.

Non... il l'a donnée à Guillaume.

MADELON.

Ah!... est-ce son miroir qu'il t'a donné?

GUIGNOL.

Non... il l'a donné à Guillaume.

MADELON.

Ah!... Mais, imbécile, que t'a-t-il donc donné?

GUIGNOL.

Il m'a donné son potrait.

MADELON.

Ah! voilà ben une belle drogue! Grand bête, va! T'étais toujours à dire: Mon oncle par-ci, mon oncle par-là... Te t'esquintais à le servir... Te n'as su te faire donner que cette saleté, & c'est ton calin de cousin qui a la succession! Te feras bien toujours le même... te ne ramasserais pas d'eau en Saône.

GUIGNOL.

Tais-toi; je suis bien content, moi, d'avoir le potrait de mon oncle! Mais c'est pas tout.

MADELON.

Y a donc encore quéque chofe ?

GUIGNOL.

Oui ; y a que, par fon teftament, l'oncle veut que je faffe réparer dans les vingt-quatre heures le cadre de fon potrait ; finon, j'y perds tous mes droits.

MADELON.

Et c'eft pour ça que te me demandes mes quarante-huit fous ?... Oui, prends garde de les perdre. Qué que ça me fait ce potrait ?

SCÈNE XI.

LES MÊMES, GUILLAUME, apportant le portrait.

GUILLAUME.

Voilà votre lot !... Vous êtes bien contents, n'eft-ce pas ? Ah ! ah ! ah ! Il eft joli !

GUIGNOL, prenant le portrait.

Regarde donc, Madelon, comme il reffemble ! comme c'eft bien lui, avec fa lévite... & fon nez !...

MADELON.

Oui, le bel héritage ! C'eft pas avec ça que nous marierons notre Louifon ?

GUIGNOL.

Allons!... viens vite abouler tes quarante-huit fous... faut faire cette réparation.

MADELON.

Je veux pas donner mon argent pour ça...

GUIGNOL.

Ah! Madelon, marche droit!... Te connais le manche à balai ; te fais que je tape... En avant!

(*Madelon fort en grognant. Guignol la fuit emportant le portrait.*)

SCÈNE XII.

GUILLAUME, feul.

Ils ne font pas contents! leur butin n'eft pas gras!... mais je ne fuis pas content non plus. J'ai fouillé dans tous les tiroirs, dans le bureau... pas un fou! Cependant le papa Durand ne mangeait pas fes rentes, & il y a longtemps qu'il n'avait rien placé!... Je crois que je me fuis trop preffé d'accepter... j'ai peur de me trouver dans l'embarras... Cette baraque a befoin de réparations ; il y a des hypothèques fur la vigne & fur le pré; quand tout fera payé il n'y aura rien. (*On entend chanter Guignol.*)

SCÈNE XIII.

GUILLAUME, GUIGNOL.

GUIGNOL, arrive en chantant; il tient à la main un paquet de billets de Banque.

Tra la la ! j'ai des efpinchos (1)...

GUILLAUME.

Qu'eft-ce que tu as donc là ?

GUIGNOL, chantant encore.

Toi qui connais les billets de la Banque... qu'eft-ce que te dis de ça ?... Tout ça était dans le cadre du potrait... en le défefant pour le réparer, ça a dégringolé comme des pavés par le Gourguillon... y en a vingt-cinq de mille... Ah! c'eft Madelon qu'eft contente !

GUILLAUME.

La moitié eft à moi.

GUIGNOL.

Pas de ça ! à bas les pattes !

GUILLAUME.

Je fuis légataire univerfel.

GUIGNOL.

Parfaitement; mais moi je fuis légataire du potrait, du cadre & accefſoires... c'eft ça l'acceſſoire, il eft joli !

(1) *Des efpinchos;* de l'argent.

GUILLAUME.

Je te forcerai en justice à me donner la moitié.

GUIGNOL.

Nous verrons ça, petit!

GUILLAUME.

Le testament a été mal fait.

GUIGNOL.

C'est pas ce que dit Monsieur Délicat; il dit que c'est un testament ortantique & indécrottable.

GUILLAUME.

Et si je te fais un procès?

GUIGNOL.

Moi, je t'en ferai deux, & j'aurai de quoi payer le procureur. Te ne me fais plus peur, va!

GUILLAUME.

Tu sais que j'ai toujours été pour toi un bon parent.

GUIGNOL.

Oui... avec des tapes.

GUILLAUME.

Dis donc, Guignol, quel âge a ta Louison?

GUIGNOL.

Elle aura dix-neuf ans aux cerises. Pourquoi me demandes-tu ça?

GUILLAUME.

Oh! c'eſt que j'avais penſé... Tu m'avais dit un mot toi-même... Mon Claude eſt un beau garçon...

GUIGNOL.

Oui... pas mal.

GUILLAUME.

Il eſt bon enfant tout à fait... il eſt à ſon ouvrage... Nous devrions les marier, ces enfants.

GUIGNOL.

Qu'eſt-ce que te donnes à ton garçon?

GUILLAUME.

Je lui donne cinq mille francs en le mariant, & plus tard il aura la ſuite de mon commerce.

GUIGNOL.

Tout ça c'eſt de la rafataille!... Te ne ſais donc pas que je donne à Louiſon en la mariant quinze mille francs... rien que ça, vieux!... Ton Claude peut pas me convenir.

GUILLAUME.

Mais tu m'as dis toi-même que ces enfants ſe convenaient, qu'ils ſe parlaient.

GUIGNOL.

Bah! eſt-ce que les parents doivent faire attention à

SCENE XIV.

ça?... D'ailleurs je me suis trompé; ç'est pas vrai... Guillaume, garde ton coq, je garde ma poule.

GUILLAUME, à part.

Il me rend la monnaie de ma pièce, & je crois par-dessus le marché qu'il se moque de moi! (*Il sort furieux.*)

SCENE XIV.

GUIGNOL, seul.

Toutes ses finesses & ses grimaces lui ont pas servi à grand'chose... Allons, je pendrai le portrait de mon oncle devant mon lit, comme je lui ai promis. Il me fera ressouvenir que dans ce monde le mieux encore c'est de filer droit son chemin, & que celui-là qui est le plus dupe, c'est souvent celui qui a voulu être fripon.

AU PUBLIC.

Messieurs, c'est aussi un potrait que nous avons voulu vous donner, un potrait du bon vieux temps & de la bonne franquette lyonnaise. Le cadre n'est pas aussi chenu que celui de mon oncle; mais si le potrait vous a paru ressemblant, agréez le tout avec indulgence.

FIN DU PORTRAIT DE L'ONCLE.

LE DUEL

PIÉCE EN UN ACTE

PERSONNAGES

LE PÈRE BERTRAND, rentier.
GUIGNOL, canut.
LA RAMÉE, ancien militaire.
UN GENDARME.

LE DUEL

PIÈCE EN UN ACTE

Une Place publique, à Lyon.

SCÈNE PREMIÈRE.

BERTRAND, feul.

IL eſt bientôt neuf heures & j'ai un rendez-vous d'honneur à midi!... Il faut que je me batte... à mon âge!... & avec un ancien traîneur de ſabre encore!... Il me ſemble que la matinée n'a duré qu'une minute aujourd'hui... J'ai la fièvre... & dire qu'il y a des gens qui ſe font tuer tous les huit jours!... je ne comprends pas comment ils peuvent vivre... Décidément je ne puis pas aller fur le terrain... J'ai une fille; j'ai gagné ma fortune en travaillant, je ne puis pas la jouer fur un coup d'épée... D'autre part, fi je ne me bats pas, ce fpadaffin viendra faire ici un efclandre, & les commères du Gourguillon m'accableront de leurs moqueries... Il m'eft bien venu une idée... J'ai là pour voifin un pauvre diable qui n'a ni fou ni maille; il fera peut-être bien aife de gagner quelque argent... fi je lui propofais de prendre ma place?.. C'eft un homme fans famille & fans pofition... Il ne doit pas lui coûter beaucoup d'expofer fa vie, & je m'en tirerai peut-être à bon compte... C'eft cela! L'heure approche... Voyons s'il eft chez lui. (*Il frappe.*)

SCÈNE II.

BERTRAND, GUIGNOL.

GUIGNOL à fa fenêtre.

Qui eft-ce qui cogne?

BERTRAND.

(*A part.*) Il y eft! quel bonheur! (*Haut.*) Bonjour, Monfieur Guignol; je voudrais bien vous parler.

GUIGNOL.

Hé bien! parlez, ne vous gênez pas; j'ai le temps. J'attends mon agent de change, mais il n'eft pas encore venu.

BERTRAND.

Ce que j'ai à vous dire est tout à fait secret. Voulez-vous me faire le plaisir de descendre?

GUIGNOL.

Vous voulez que je dégringole? Me v'là! Rien que le temps de couvrir ma pièce.

BERTRAND.

(*A part.*) Voilà l'homme qu'il me faut! (*A Guignol, qui est descendu.*) Vraiment, Monsieur Guignol, depuis le temps que nous habitons porte à porte, je ne comprends pas que vous ne soyez pas venu me voir.

GUIGNOL.

Ma foi! M'sieu, j'ai pas osé; la distance est trop grande.

BERTRAND.

Pas du tout; il n'y a que la rue à traverser.

GUIGNOL.

C'est vrai, mais y a la distance des picaillons (1).

BERTRAND.

Oh! cela ne fait rien entre voisins; vous pouviez bien venir me faire payer une bouteille de vin.

---

(1) *Des picaillons*; un des nombreux synonymes qu'emploie Guignol pour désigner l'argent. Il y a sur cette matière autant de richesse dans son langage que de pénurie dans son gousset.

GUIGNOL.

(*A part.*) Il est bien en générosité, aujourd'hui, le vieux grigou! (*Haut.*) Si c'est pour ça, tant que vous voudrez... de suite, si ça vous va.

BERTRAND.

Tout à l'heure!... C'est maintenant un service que je voudrais vous demander.

GUIGNOL.

Un service? une cuillère & une fourchette?.. Je vais vous chercher ça tout de suite.

BERTRAND.

Non, non; il ne manque pas de cuillères & de fourchettes chez moi.

GUIGNOL.

Oh! on les donne quelquefois à retamer.

BERTRAND.

L'argenterie ne se rétame pas.

GUIGNOL.

Si, si; on la retame... au Mont-de-Piété.

BERTRAND.

Il ne s'agit pas de cela... c'est autre chose & quelque chose de pressé que j'ai à vous communiquer. Ecoutez-moi, je commence de suite.

GUIGNOL.

(*A part.*) Nous en avons pour un moment. (*Haut.*) Allons, je vous écoute.

BERTRAND.

Voici de quoi il s'agit... J'ai aujourd'hui même une affaire de duel.

GUIGNOL.

Des duelles (1) de tonneau?

BERTRAND.

Non, un duel au sabre, à l'épée ou au pistolet.

GUIGNOL.

Je comprends... avec le machin qui coupe, avec c'li qui pique ou avec c'li-là qui pette.

BERTRAND.

Je vous avoue que ça m'embarrasse un peu.

GUIGNOL.

Ça m'embarrasserait ben aussi... Mais je vous vois venir... vous voulez que je soye votre second.

BERTRAND.

Non; je vous estime plus que cela.. Pas mon second... mon premier.

(1) *Duelle;* douve de tonneau.

GUIGNOL.

J'aimerais assez être votre second... parce que je sais qu'après un duel y a toujours un morceau à fricoter pour les seconds.

BERTRAND.

Vous voulez rire; mais vous devez comprendre que dans ma position je ne peux pas aller me battre.

GUIGNOL.

Quand on a de z'escalins (1) comme vous, c'est dur d'exposer sa peau.

BERTRAND.

Je suis père de famille, j'ai une fille charmante qui fait mon bonheur, & si le destin voulait que je fusse tué, elle en mourrait de chagrin.

GUIGNOL.

C'est vrai, votre demoiselle est charmante... elle a de z'ieux qui louchent...

BERTRAND.

Elle est fort belle.

(1 *Des escalins;* de l'argent.

GUIGNOL.

Quand y en a un qui regarde à Fourvières, l'autre regarde à Bellecour... ça n'eſt pas tout le monde qui peut faire ça.

BERTRAND.

Ce n'eſt rien... mon médecin m'a dit que ça paſſerait dans une dizaine d'années.

GUIGNOL.

Dix ans !... mais votre fille, qui a trente-quatre ans, en aura alors manquablement quarante-quatre.

BERTRAND.

Je ſongerai alors à l'établir.

GUIGNOL.

Pauvre vieux !... à quarante-quatre ans, on a ſon congé pour ſe marier.

BERTRAND.

Non, non, c'eſt un bel âge pour faire un mariage... de raiſon... & ce ſont les meilleurs... Mais il ne s'agit pas de cela aujourd'hui... j'ai beſoin de votre appui.

GUIGNOL.

Faut vous appuyer ?... par dernier ?

BERTRAND.

Non, non.

GUIGNOL.

Alors, c'eſt par devant?

BERTRAND.

Vous m'interrompez toujours. Laiſſez-moi donc vous expliquer mon affaire.

GUIGNOL.

Allons, continuez. (*A part.*) Je ſuis ſûr qu'il ne finira pas avant dîner.

BERTRAND.

L'autre jour...

GUIGNOL.

Qu'il faiſait nuit.

BERTRAND.

Bavard ſempiternel, laiſſez-moi donc parler.

GUIGNOL.

Allons, je clos mon bec.

BERTRAND.

L'autre jour... j'étais ſur un des bancs de la place Impériale... Vous ſavez que j'y vais de temps en temps prendre le frais... je cauſe avec des amis... Il y en a qui liſent le journal, qui me racontent ce qu'il y a de nouveau... c'eſt fort agréable, l'été...

GUIGNOL.

Et puis ça ne coûte rien, je sais... L'hiver, vous allez à la police correptionnelle... qui est un moyen de se chauffer à bon marché.

BERTRAND.

Ce jour-là j'étais avec un ancien militaire, un ancien hussard... qui me racontait la bataille de Wagram... avec sa canne... sur le sable... Je la sais par cœur, sa bataille de Wagram... il me l'a déjà racontée au moins quarante fois. Hé bien, ça me fait toujours plaisir... Vous savez que j'ai été sergent dans la garde nationale... & que j'ai toujours aimé les vieilles culottes de peau...

GUIGNOL.

Je crois bien, c'était votre état.. Un ancien tanneur!... Hé ben! c'est comme moi, j'aime les vieux militaires : j'ai eu un oncle capitaine, qui s'était retiré avec trente-sept ans de services & cinquante-six blessures ; il avait reçu vingt-quatre coups de sabre sur la figure, & il avait le ventre cousu.

BERTRAND.

Nous en étions au moment le plus intéressant de la bataille... (*Avec emphase.*) celui où les soixante bouches à feu de la Garde arrivent en faisant trembler la terre, suivies de quarante autres. — Il me dit alors : Les hussards s'élancent... Il se trompait... Je lui dis : Mais papa La Ramée, ce n'est pas les hussards qui s'élancent, c'est les cuirassiers... vous me l'avez dit hier. — Comment ! les cuirassiers, s'écrie-t-il ; mais (*très-vite*) puisqu'il s'agissait de reprendre les hauteurs de Baumersdorf & de Neusiedel, comment les cuirassiers, qui étaient à l'aile droite, auraient-ils pu passer le Russbach & se porter sur le centre des Autrichiens qui s'étaient placés sur ces hauteurs, pour nous disputer la victoire? Me comprenez-vous ? — Certainement, que je le comprenais.

GUIGNOL.

Et ben ! vous avez une fière comprenette.

BERTRAND, toujours très-vite.

Oui, lui réponds-je ; mais qu'est-ce que ça fait pour les cuirassiers?.. puisque le centre étant au milieu, il importe peu que l'aile droite ou l'aile gauche... — Il s'emporte alors.

GUIGNOL.

Il s'emporte tout seul !

BERTRAND.

Taisez-vous donc, mauvais plaisant!... Il se fâche... Vous me prenez pour un hâbleur, dit-il. Vous y étiez, peut-être, à la bataille de Wagram? & moi je n'y étais pas?... Prétendez-vous m'apprendre mon métier, mauvais pékin ? — A ce mot de pékin, la moutarde me monte au nez ; je lui riposte un peu vertement.... Il m'appelle « ganache ! »

SCÈNE II.

GUIGNOL, à part.

Pas si bête !

BERTRAND.

Je l'appelle « vieil entêté! » Il me donne un soufflet...

GUIGNOL.

Que vous avez gardé... pour l'hiver ?

BERTRAND.

Non, non; je le lui ai rendu... J'ai été moi-même étonné de ma vivacité. Mais, que voulez-vous ? une fois lancé... Il m'a dit : Moſſieu, vous m'avez manqué.

GUIGNOL.

Vous ne l'aviez donc pas touché ?

BERTRAND.

Si bien; mais c'eſt préciſément parce que je l'avais touché qu'il m'a dit : Vous m'avez manqué.

GUIGNOL.

Il fallait recommencer & il n'aurait pas pu parler comme ça.

BERTRAND.

Il devint furieux & me dit que de telles inſultes voulaient être lavées dans le ſang; qu'un vieux militaire ne terminait pas autrement ſes querelles. Je lui réponds que je suis aussi raffiné que lui sur le point d'honneur... J'accepte le rendez-vous, & c'est aujourd'hui à midi que nous devons nous battre.

GUIGNOL.

Eh bien! que voulez-vous de moi?

BERTRAND.

Que vous preniez ma place.

GUIGNOL.

Que je prenne votre place!.. Vous voulez rire, papa. Je tiens bien autant à ma peau que vous.

BERTRAND.

Ah! ça ne risque rien.

GUIGNOL.

Eh ben! si ça ne risque rien, pourquoi y allez-vous pas? Si vous croyez que je vais me faire percer la bedaine pour vos beaux yeux!

BERTRAND.

Mon ami, je sais bien que ce n'est pas ici une question de sentiment & qu'il vous faut du positif. J'entends vous payer généreusement.

GUIGNOL.

Combien donnerez-vous donc?

BERTRAND.

Je vous donnerai cent cinquante francs.

GUIGNOL.

Allons donc, vieille lanterne!

BERTRAND.

Comment! vous m'appelez vieille lanterne; qu'entendez-vous par là?

GUIGNOL.

J'entends que vous voulez vous ficher du monde... Cent cinquante francs pour aller m'aligner à votre place avec ce vieux ours blanc!

BERTRAND.

Voyons; combien voulez-vous donc?

GUIGNOL.

Ma foi, attendez!... c'est un calcul à faire... A trois ans, ma mère me difait : Te m'as déjà coûté plus de mille francs, & c'est à peine si te les vaux... Si je valais à peu près mille francs dans ce temps-là, je dois bien valoir à préfent pour le sûr... cinq, six, sept, huit, neuf, dix mille.

BERTRAND.

Affez, affez, diable! comme vous y allez! c'est comme à la criée.

GUIGNOL.

Vous m'avez arrêté trop tôt... Je veux, fans furfaire, douze mille francs.

BERTRAND.

C'eft cher... Mais, voyez-vous, je veux faire votre bonheur ; je vous ai toujours aimé... je vous donnerai ce que vous me demandez.

GUIGNOL.

(*A part.*) Il paraît que j'ai pas affez demandé. (*Haut.*) Voyons, maintenant ; comment entendez-vous me payer ? Je veux des gros fous ou des billets de banque : lequel aimez-vous mieux ?

BERTRAND.

Comme vous voudrez. Pourquoi me dites-vous ça ?

GUIGNOL.

Parce que fi vous avez l'intention de me payer en gros fous, c'eft à condition que vous me les porterez à la Croix-Rouffe... fans prendre le chemin de fer.

BERTRAND.

Dans ce cas, je préfère vous payer en billets.

GUIGNOL.

Si c'eft en billets, je veux quinze mille francs.

BERTRAND.

Vous êtes bien exigeant!... qu'eſt-ce que cela ſignifie? Tout à l'heure c'était convenu à douze mille.

GUIGNOL.

Mon pauvre vieux, c'eſt mon dernier mot. Choiſiſſez : douze mille francs en gros ſous rendus à la Croix-Rouſſe, ſans chemin de fer... ou quinze mille francs en billets... Pas de milieu... c'eſt à prendre ou à laiſſer.

BERTRAND.

Allons! je vous donnerai quinze mille francs en billets, c'eſt entendu. Je vous paierai auſſitôt après le combat.

GUIGNOL.

Non, non, d'argent tout de ſuite;... ou ſinon pas de chapotement.

BERTRAND.

Allons, venez chercher votre argent tout de ſuite à la maiſon.

GUIGNOL.

Vous paierez ben auſſi une bouteille, papa... pour me donner de courage?

BERTRAND.

Certainement.

GUIGNOL, à part.

C'eſt la première qu'il me paie, le vieux ladre... Allons, pour quinze mille francs je me ferais ben tuer tous les jours. (*Ils ſortent.*)

BERTRAND, dans la couliſſe.

Attendez-moi un inſtant chez moi ; je deſcends à la cave.

GUIGNOL, de même.

Et ſurtout apportez du bon, papa... du vieux ! Le Brindas me fait mal ; il me gargouille dans l'eſtomac.

SCÈNE III.

LA RAMÉE, ſeul.

Enfin, je crois que je parviendrai à trouver le logis de mon homme... Ce doit être par ici... c'eſt bien la place qu'il m'a indiquée. Pourvu qu'il ne m'ait pas donné une fauſſe adreſſe !... Ah ! ah ! ce pékin me fait rire... Quelle boule il avait l'autre jour quand il a accepté mon cartel !... Ah ! pauvre vieux, ſi tu ſavais à qui tu as affaire, tu ſerais déjà mort de frayeur.... Je ne veux pas le tuer, mais j'entends lui donner une leçon dont il ſe ſouviendra... Voyons, informons-nous de ſa demeure au boulanger du coin... Ah ! voici fort heureuſement quelqu'un qui va me renſeigner.

SCÈNE IV.

LA RAMÉE, GUIGNOL.

LA RAMÉE.

Pardonnez-moi, Mossieu...

GUIGNOL.

(*A part.*) Un ancien troupier! ça doit être mon homme! (*Haut.*) Vous avez donc fait de sottises que vous demandez pardon?

LA RAMÉE.

Pourriez-vous m'indiquer la demeure de Mossieu Bertrand?

GUIGNOL.

Je veux pas te le dire; te m'ennuies, toi!

LA RAMÉE.

Qu'est-ce que cela! vous ne répondez pas à ma question... L'adresse de Mossieu Bertrand?

GUIGNOL, se mettant devant lui.

On ne passe pas.

LA RAMÉE.

Comment! on ne passe pas?

GUIGNOL.

On ne paſſe pas! on-ne-paſ-ſe-pas!

LA RAMÉE.

Vraiment! c'eſt inconcevable!

GUIGNOL.

Ah! cette trombine! ce pif! Mettez donc votre nez de côté, papa; il m'empêche de voir le Cheval de bronze.

LA RAMÉE, le menaçant.

Je ne ſouffrirai pas qu'on m'inſulte de la ſorte.

GUIGNOL.

Ne bute pas, ne bute pas... Reculez-vous donc un peu, vous m'envoyez des poſtillons, fermez votre portail.

LA RAMÉE.

Vous me prenez, je crois, pour un jobard, mon cher. La main me démange, & j'ai envie de vous apprendre à qui vous avez affaire.

GUIGNOL.

Tant pis, mon vieux; votre nez m'offusque, il reſſemble à un éteignoir pour cierge.

LA RAMÉE.

Ah! ſi je n'avais pas déjà une affaire ce matin!... Encore une fois voulez-vous me laiſſer paſſer?

GUIGNOL.

Je vous ai déjà dit qu'on ne paſſe pas

LA RAMÉE.

Et pourquoi cela?

GUIGNOL.

Parce qu'on ne paſſe pas, vieux farceur!

LA RAMÉE.

Ah! c'eſt trop fort, je n'y tiens plus. Tenez. (*Il lui donne un ſoufflet.*)

GUIGNOL, lui donnant un coup de tête.

Tenez, vous auſſi. Vous croyez avoir affaire à une bugne (1).

LA RAMÉE.

Je m'importe peu qui vous êtes. Vous m'avez frappé ; de pareils affronts veulent du ſang. Il faut nous battre ſur-le-champ. Au ſabre, à l'épée, au piſtolet?... Quelle eſt votre arme?

GUIGNOL.

Tout ce que vous voudrez. A l'épée, à coup de groles, au tournebroche, à coup de torchon, à tout.

(1) A un imbécile.

LA RAMÉE.

A l'épée.

GUIGNOL.

T'aimes la falade : allons chercher de fourchettes.

LA RAMÉE.

Oui, allons chercher des armes ; mais tout de fuite, parce que j'ai encore une affaire à vider ce matin.

GUIGNOL.

Allons-y. (*Ils vont pour fortir.*)

LA RAMÉE.

Moffieu. (*Ils fe font des politeffes.*)

GUIGNOL.

Allons, paffe donc, patet (1). (*Ils fortent & rentrent auffitôt avec des épées.*)

LA RAMÉE.

En garde !

GUIGNOL.

Voyons que j'empoigne bien ma lardoire. J'y fuis. (*Ils fe battent.*) Tiens donc ! tiens donc !

(1) *Patet;* lambin, tâtillon.

LA RAMÉE, après un inftant.

Comment! comment! que faites-vous donc? vous reculez, je crois.

GUIGNOL, tombant.

Ah! le gone, il m'a crevé le bedon!

LA RAMÉE.

Allons, il a fon compte; c'eft le quatrième de cette année... J'ai la main malheureufe... (*Il effuie fon épée.*) C'eft ennuyeux tout de même de fe battre comme ça, fans témoin... Mais il m'a infulté; tant pis pour lui!... Pour prévenir les foupçons, allons nous-même chercher la garde.

SCÈNE V.

GUIGNOL, feul, fe relevant.

Ah! grand bête! il croyait donc que je me laifferais mettre en perce. Pas fi cornichon! Je m'en vais maintenant prendre mon épée à moi, l'épée de Guignol!... Qu'il effaye de revenir & je me charge de lui régler le compte du père Bertrand avec le mien! (*Il fort.*)

SCÈNE VI.

LA RAMÉE, un GENDARME, puis GUIGNOL.

LA RAMÉE.

Venez, venez, cavalier : c'est ici tout près que j'ai vu un homme mort. Il nous faudra l'emporter à la Morgue, jusqu'à ce qu'on le réclame... Il n'y a plus personne !... Ne voyez-vous donc rien, cavalier ?

LE GENDARME.

Du tout, je ne vois rien.

LA RAMÉE.

Probablement que ce malheureux aura été emporté par une patrouille : nous sommes venus trop tard. (*Guignol donne un coup de bâton au gendarme qui s'enfuit ; puis il frappe La Ramée qui tombe.*)

GUIGNOL, le roulant avec le bâton.

Eh ben ! cette fois, pauvre vieux, t'en as assez... Que dis-tu de cette pontifelle (1) ? Faut convenir que si t'es fort à l'épée, te n'entends rien au bâton... Mais qu'en faire à présent ?... Je vais boire un coup chez le père Chibroc & je reviens tout de suite... Je le porterai en Saône. (*Il fort.*)

(1) La *Pontifelle* est une pièce de bois du métier de tisseur.

SCÈNE VII.

LA RAMÉE, seul, se relevant.

Ah! sapristi, je crois qu'il m'est tombé une cheminée sur la tête... Cependant il m'a semblé que c'étaient des coups de bâton... Est-ce que ce pékin se serait joué de moi ?... Ça ne peut pas se passer comme ça... j'aurais cette affaire-là sur le cœur jusqu'au dernier de mes jours... Le drôle a dit, je crois, que je n'entends rien au bâton : je lui montrerai mon savoir... & dussé-je le chercher jusqu'au fond des enfers !... (*Il sort.*)

SCÈNE VIII.

BERTRAND, seul, arrivant.

Je suis dans une inquiétude mortelle. Guignol a-t-il rencontré ce vieux ferrailleur ? J'étais allé jusqu'aux portes de Trion pour ne pas me trouver dans le premier moment entre l'enclume & le marteau ; mais je ne puis pas rester dans cette incertitude... Que sont-ils devenus ?

SCÈNE IX.

BERTRAND, GUIGNOL, puis LA RAMÉE.

GUIGNOL, entrant & frappant sur Bertrand qu'il prend pour La Ramée.

Ah! vieux féroce, te n'es pas mort !... Tiens! tiens!

LA RAMÉE entrant & frappant avec un bâton fur Bertrand qu'il prend pour Guignol.

Ah! fcélérat, je t'apprendrai fi je ne fuis pas fort au bâton ; tiens! tiens! tiens!

BERTRAND.

Au fecours ! au fecours ! je suis mort.

LA RAMÉE.

Comment! c'eft vous, Moffieu Bertrand? Pardon, je me trompe.

BERTRAND.

La Ramée!... je fuis perdu.

GUIGNOL.

Comment! c'eft vous, papa Bertrand? Pardon, je me trompe.

BERTRAND à Guignol.

Voilà comme vous tenez vos engagements?

GUIGNOL.

Je les ai ben tenus, vos engagements, puifque je me fuis fait tuer tout à l'heure.

BERTRAND.

Oui, vous vous êtes fait tuer, & vous n'êtes pas mort !

LA RAMÉE.

Comment ! comment ! En effet, Moſſieu, vous devriez être mort : vous l'étiez tout à l'heure.

GUIGNOL.

Et vous auſſi, papa !

LA RAMÉE.

Tout cela me paraît louche.

GUIGNOL.

Voyons ! ça ferait trop long à vous expliquer. Mais il me ſemble que tout peut s'arranger. L'honneur eſt ſatisfait.

LA RAMÉE.

Vous plaiſantez, morbleu !

GUIGNOL.

Fâchez pas, papa !... Moi, vous m'avez paſſé votre latte au travers du corps : que voulez-voûs de plus ? Les Français ſont pas des Coſaques. L'honneur eſt ſatisfait.

LA RAMÉE.

Mais ces coups de bâton que j'ai reçus ; ils ſont poſtérieurs.

GUIGNOL.

Vous venez de les repaſſer au père Bertrand. L'honneur eſt ſatisfait.

LA RAMÉE.

Mais ma querelle avec Moſſieu Bertrand?

GUIGNOL.

Il en'a ben aſſez reçu, le pauvre vieux! Il a reçu des deux mains, de la mienne & de la vôtre. L'honneur eſt ſatisfait.

BERTRAND.

Hé ben! & moi?

GUIGNOL.

Hé ben! je me ſuis battu pour vous. N'eſt-ce pas ce qui était convenu?

BERTRAND.

Et mes coups de bâton! étaient-ils convenus?

GUIGNOL.

Que voulez-vous? C'eſt par-deſſus le marché; ils n'étaient pas pour vous. C'était un ſolde de réglement entre Moſſieu & moi : c'eſt vous qui avez reçu le ſolde. L'honneur eſt ſatisfait!

TOUS.

Oui, oui, l'honneur eſt ſatisfait!

BERTRAND.

C'eſt égal, je regrette mon argent.

SCÈNE IX.

GUIGNOL.

Nom d'un rat, je l'ai bien gagné. Puis, il ne sera pas tout perdu pour vous, papa. Pour mettre le bouquet à notre réconciliation, faut aller déjeûner tous ensemble, & c'est moi qui paie !... un fricot chenu !

BERTRAND.

Accepté !... nous trinquerons en braves.

LA RAMÉE.

Accepté !... Et le verre en main je vous conterai la bataille de Wagram.

GUIGNOL, au public.

AIR de *La la itou*.

L'honneur est satisfait !
Mais nous ne serions pas gais,
Si vous ne disiez ici
Que vous êtes satisfaits aussi.
  La itou, la la itou....

(*Chœur.*)

FIN DU DUEL.

LE MARCHAND DE VEAUX

PIÈCE EN UN ACTE

PERSONNAGES

GUIGNOL, *jeune paysan*.
GNAFRON, *savetier*.
MADELON, *sa fille*.
ANDRÉ, *boucher*.
M. TOUTOU, *médecin*.
MADAME BONNESAUCE, *aubergiste*.
BUTAVANT, *avocat de village*.
LE BAILLI.

LE MARCHAND DE VEAUX

PIÈCE EN UN ACTE

*Un village : la maison de Guignol à la droite du spectateur,
une autre maison à gauche.*

SCÈNE PREMIÈRE.

GNAFRON, seul.

JE viens voir si Chignol est toujours dans l'intention d'époufasser ma fille Madelon... Ce n'est pas que les prétendants manquent... y a sur les rangs Gaspard le récureur de puits, & Guillaume le chaudronnier... mais Chignol me convient, & à Madelon aussi... Seulement y a une condition : j'ai promis a ma défunte que celui à qui que je marierais ma fille,

12

il faudrait qu'il euſſe trois louis vaillants... Je l'ai juré à c'te pauvre femme... & comme nous nous ſommes diſputés tant qu'elle a vécu, c'eſt bien juſte que je faſſe ſes volontés t'après ſa mort... Chignol aura-t-il les trois louis ?... Tant pire... il faut qu'il les aye, ſi il veut avoir ma fille... Appelons-le... & parlons-lui avec dignité. (*Il frappe.*) M'ſieu Guignol, M'ſieu Guignol !

SCÈNE II.

GNAFRON, GUIGNOL.

GUIGNOL, de l'intérieur.

On y va ! on y va ! (*Il entre.*) Ah ! le père Gnafron ! Bonjour, mon vieux ; comment ça va-t'aujourd'hui ? T'es-tu arroſé le gigier ce matin ?

GNAFRON.

Qu'eſt-ce que c'eſt que ces manières de parler t'incongrues ? Eſt-ce ainſi qu'on s'exprime avec le père d'une jeune demoiſelle qu'on veut z'épouſaſſer ?

GUIGNOL.

(*A part.*) Il a l'air tout badiné aujourd'hui ! Qué qu'y a donc ? (*Haut.*) Moſſieu de Gnafron... (*A part.*) Je le gratte... (*Haut.*) Comment ſe porte votre reſpectable binette ?

GNAFRON.

Voilà qui eſt mieux. Je viens ſavoir, M'ſieu Guignol, ſi vous êtes toujours dans les intentions de lier votre exiſtence z'avec ma fille ; faites-moi t'une réponſe catégorlique.

GUIGNOL.

Certainement, Moſſieu de Gnafron. Je ne demande qu'à me marier z'avec elle.

GNAFRON.

Croyez, M'ſieu Guignol, que je ſuis t'honoré z'& fier de voir z'entrer dans ma famille un gendre tel que vous... Mais vous ſavez les conditions?

GUIGNOL.

Ah ! y a des conditions?

GNAFRON.

Y en a !... J'ai promis t'à mon épouſe que l'époux de ma fille poſſédaſſerait trois louis d'or... les avez-vous ?

GUIGNOL.

Je les ai pas... Mais, vous le ſavez, j'ai une maiſon, j'ai une vache & un veau.

GNAFRON.

Je m'importe peu de tout ça... je veux trois louis... c'eſt ce que j'ai promis t'à mon épouſe.

GUIGNOL.

Et où veux-tu que je les prenne?

GNAFRON.

Vends ta maison, ta vache ou ton veau.

GUIGNOL.

Si je vends ma maison, ousque je coucherai après?... Je peux pas vendre mon veau non plus, il a que deux jours.

GNAFRON.

Hé ben, vends ta vache.

GUIGNOL, tristement.

C'est bon, on vendra la vache, quoi !

GNAFRON.

C'est z'entendu. (*Fausse sortie.*) Ah! je réfléchis. Je veux pas que te vendes ta vache. V'là l'été, je veux que te me fasses manger des fromages de chèvre.

GUIGNOL.

Faits avec le lait de ma vache.

GNAFRON.

L'industrie fait tous les jours des progrès... Vends le

veau... Adieu, dans t'un quart d'heure je viens chercher la réponse. (*Il sort.*)

GUIGNOL, seul.

Allons, j'aime mieux ça... ça me chagrinait de vendre ma vache, c'te pauvre bardelle (1)... Je vas lui donner une poignée de trèfle. (*Il sort.*)

SCÈNE III.

ANDRÉ, puis GUIGNOL.

ANDRÉ, dans la coulisse.

Attention, Carabi, garde la carriole. (*Il entre.*) On m'a dit que Guignol avait un veau à vendre. Mes pratiques m'en demandent ; & ils font d'un rare dans ce pays !... Je crois bien que sa maison est de ce côté... Ah ! le voici !

GUIGNOL, entrant.

Ah ! c'est vous, papa André. Bonjour, comment va le commerce ?

ANDRÉ.

Bien, mon garçon ; la viande se vend encore, mais l'argent est rare... Et toi, comment vas-tu ?

---

(1) *Bardelle ;* nom que les paysans de notre contrée donnent à une vache dont la robe est de plusieurs couleurs.

GUIGNOL.

Pas mal, M'fieu André... Et vous venez dans le pays pour acheter quéque chofe?

ANDRÉ.

Moi! du tout!... j'ai ce qui me faut. Eft-ce que tu as quelque chofe à vendre?

GUIGNOL.

Moi, du tout.

ANDRÉ.

Je viens voir des amis... Veux-tu prendre un verre de vin, là, chez le père Michaud?

GUIGNOL.

Non, merci, je fuis pas en train ce matin.

ANDRÉ.

Avec ça... ce n'eft pas que fi tu avais quelque chofe à vendre on pourrait tout de même s'arranger... On m'a fifflé aux oreilles que tu avais un veau.

GUIGNOL.

(*A part.*) Ah! te voilà donc, farceur! (*Haut.*) C'eft vrai, papa André.

ANDRÉ.

Tu ne voudrais pas le vendre?

GUIGNOL.

Non, j'y tiens ; je veux en faire un élève. C'eſt une belle petite géniſſe ; dans quatre ans, ça fera un bœuf superbe.

ANDRÉ.

Tu veux rire ; c'eſt une géniſſe & tu veux en faire un bœuf.

GUIGNOL.

Avec ça que vous vous gênez, papa André, pour débiter des bœufs qui ont fait la proviſion de lait de tout le village.

ANDRÉ.

Ça, c'eſt mon affaire. Voyons, fais-moi voir l'animal.

GUIGNOL.

Par ici !

ANDRÉ.

Marche devant. (*Ils entrent chez Guignol. — On entend les mugiſſements de la vache & ſa clochette.*)

ANDRÉ, en dedans.

Ah ça ! où donc qu'il eſt ton veau ?

GUIGNOL, de même.

Il eſt là, à côté de ſa maman.

ANDRÉ, de même.

Sapristi! qu'il est chétif, ton coco! Il n'a que la peau. (*Ils rentrent en scène.*)

GUIGNOL, froidement.

Il est comme ça. (*A part.*) Te débines ma marchandise, te la paieras plus cher que te ne crois.

ANDRÉ.

Voyons, ne nous fâchons pas. Combien que t'en veux de ce maigrelet?

GUIGNOL.

J'en veux trois louis.

ANDRÉ.

Tu t'amuses; c'est pas un prix, ça. J'en donne un louis & demi.

GUIGNOL.

Trois louis tout ronds.

ANDRÉ.

T'es donc tout d'un mot?

GUIGNOL.

Tout d'un mot, mon pauvre vieux.

ANDRÉ.

Allons, puisque t'es rebarbaratif comme ça, voilà un louis pour arrhes. Je vais jusques chez Michaud... En revenant je te donnerai le surplus. A revoir! (*Il sort, & on l'entend crier :*) Allons, Carabi, mon vieux, mettons-nous en route!

GUIGNOL, seul.

Nom d'un rat! V'là mes trois louis trouvés. Je vais donner triple ration de trèfle à ma vache. (*Il sort.*)

SCÈNE IV.

M. TOUTOU, puis GUIGNOL.

TOUTOU, seul.

L'Académie des sciences vient de faire un rapport superbe sur un sirop nouvellement découvert... qui guérit toutes les maladies... le sirop de mou de veau... Je suis seul médecin dans ce pays... Il faut que je me hâte de mettre à profit cette belle découverte... Malheureusement, le veau est très-rare... Je sais bien qu'il y en a un chez Guignol... un de mes anciens malades... Mais voudra-t-il le vendre?... Allons, corbleu! qui ne hasarde rien n'a rien. (*Il frappe*) Monsieur Guignol!

GUIGNOL, entrant.

Ah! c'est vous, M'sieu Tuetout!

TOUTOU.

Monsieur Guignol, je ne me nomme pas Tuetout, mais Toutou.

GUIGNOL.

Allons ! on peut bien vous appeler Tuetout au moins c'te année... Ils y ont tous passé, vos malades... Y en a ben eu une soixantaine.

TOUTOU.

J'en ai sauvé six.

GUIGNOL.

Y a pas de quoi crier bien fort.

TOUTOU.

Vous êtes un ingrat, car vous êtes des six ; je vous ai bien tiré de votre fièvre

GUIGNOL.

C'est-à-dire que c'est moi qui me suis tiré de vos griffes... Ah ! vous y alliez joliment : diète absolue, quarante ventouses & vingt-quatre sangsues... Si j'avais pas eu le voisin qui m'a apporté une bonne soupe aux choux & un bon troc de lard... y a ben longtemps que je serais dans la grande guérite.

TOUTOU.

Je ne viens pas vous demander le prix de mes visites.

GUIGNOL.

Que me voulez-vous donc, aimable docteur?

TOUTOU.

Voici ce que c'eſt : vous avez un veau, n'eſt-ce pas?... Voulez-vous me le vendre?

GUIGNOL.

(*A part.*) Un médecin qui achète un veau! que diantre veut-t-il en faire? (*Haut.*) Oui, Monſieur, j'ai-t-un veau; mais j'en veux un bon prix.

TOUTOU.

Nous nous entendrons bien. Peut-on voir l'animal?

GUIGNOL.

Oui, oui, venez. (*Ils entrent chez Guignol; on entend la vache & ſa ſonnette.*)

TOUTOU.

Il a de belles cornes votre veau, il eſt d'une belle venue.

GUIGNOL.

Mais vous vous trompez, papa ; c'eſt la mère que vous arregardez... v'là le gone.

TOUTOU.

Saperlotte ! il n'eſt pas gros.

GUIGNOL.

Il a de la peau de refte. (*Ils rentrent.*)

TOUTOU.

Je le prends tout de même. Combien voulez-vous de cette haridelle ?

GUIGNOL.

Il eft fi petit ! Vous m'en donnerez feulement quatre louis.

TOUTOU.

Oh ! c'eft trop cher. Trois louis, cela vous va-t-il ?

GUIGNOL

A moins de quatre louis, il ne quitte pas fes appartements.

TOUTOU.

Tenez, Monfieur Guignol ; voici trois louis. Dans un quart d'heure j'enverrai Baptifte vous porter l'autre & il emmènera le veau !... Ah ! je fuis enchanté de mon marché. Voyez, Monfieur Guignol, vous m'auriez demandé vingt-cinq louis de votre veau que je vous les aurais donnés... C'eft un tréfor pour moi... Je vais fabriquer du firop de mou de veau... Je tirerai, je l'efpère, de votre animal vingt-cinq mille topettes à vingt-cinq francs. Je vous en vendrai dix, vingt, fi vous voulez... Ma fortune eft faite... Au revoir, Monfieur Guignol. (*Il fort.*)

GUIGNOL, l'appelant.

Eh! Docteur! Non, vrai, venez donc, je ne vends pas mon veau!... Tenez, voilà votre argent... Ah! bah! il ne m'entend plus. Me voilà bien monté; j'ai vendu mon trésor... Allons! j'ai déjà quatre louis; mon mariage est fait. (*Il entre chez lui.*)

SCÈNE V.

Mme BONNESAUCE, puis GUIGNOL.

Mme BONNESAUCE, dans la coulisse.

Merci, merci, je trouverai bien. Une maison d'un étage, vous dites... c'est très-bien... Monsieur Guignol... je comprends. (*Elle entre.*) Je crois que m'y voici... frappons. (*Elle frappe.*) Holà! quelqu'un?

GUIGNOL, entrant.

Présent! Ah! c'est du beau sexe!... C'est vous, Madame, qui avez chapoté chez moi? Qu'y a-t-il pour votre service?

Mme BONNESAUCE.

Monsieur, je m'appelle Madame Bonnesauce; je suis restauratrice.

GUIGNOL.

Je comprends, vous tenez une gargote, vous êtes restaurateuse.

M.ᵐᵉ BONNESAUCE.

Oui, Monsieur, restauratrice. Je tiens un restaurant fort bien achalandé à Vernaison, à l'enseigne du *Chavasson d'argent*... Aujourd'hui je suis dans tous mes embarras. J'ai une fort jolie noce, quatre-vingt-dix couverts... Ils m'ont recommandé de leur faire manger du veau, & je veux en acheter un entier pour le leur faire servir à toutes les sauces... On m'a dit que vous en aviez un à vendre... Nous pouvons faire affaire ensemble, si vous êtes raisonnable.

GUIGNOL, à part.

(*A part.*) Bon ! je l'ai déjà vendu à deux... Mais au fait, si elle m'en donnait plus que les autres !... Il paraît que le veau est très-recherché aujourd'hui... (*Haut.*) Mais, tout de même, Madame: si vous voulez me suivre, je vais vous faire voir l'animal. (*Ils entrent chez Guignol : on entend la vache & sa sonnette.*) Prenez garde au gaillot (1) ; & sur tout ne mettez pas le pied dans ma marmite.

M.ᵐᵉ BONNESAUCE, dans l'intérieur.

(*Poussant un cri.*) Ah ! qu'est-ce que je vois là... Chassez donc ce gros chat rouge ; il me fait peur.

GUIGNOL, de même

Mais, Madame, c'est mon veau.

(1) *Gaillot;* bourbier, flaque d'eau.

Mᵐᵉ BONNESAUCE, de même.

Comment, ce maigrillon-là, c'eſt votre veau ; il entrera tout entier dans une caſſerole. *(Ils rentrent.)*

GUIGNOL, froidement.

Il eſt comme ça, Madame.

Mᵐᵉ BONNESAUCE.

Le prix fait tout. Combien en voulez-vous ?

GUIGNOL.

Parce que c'eſt vous, Madame, ça fera cinq louis.

Mᵐᵉ BONNESAUCE, riant.

Ah ! ah ! Monſieur, n'eſt-ce pas que vous me trouvez l'air un peu jeune, l'air innocentin ?

GUIGNOL.

Mais, pas du tout, Madame... *(A part.)* Elle a l'air d'avoir fait la campagne de Moſcou.

Mᵐᵉ BONNESAUCE.

Allons, je ſuis preſſée : dites-moi votre dernier mot.

GUIGNOL.

Cinq louis, Madame ; à un ſou de moins y ne ſort pas de ſa chambre garnite.

Mme BONNESAUCE.

Ah! ah! vous êtes un farceur; vous me plaifez. Vous me rappelez mon premier mari, qui était tambour-major dans la Grande armée. Voici deux louis que je vous donne à compte. Je vais achever mes emplettes... En repaffant, je vous apporte les trois autres, & j'emmène cet infecte... Adieu, Monfieur Guignol, à une autre fois. (*Elle fort.*)

SCÈNE VI.

GUIGNOL, feul.

Adieu, Madame... V'là mon veau vendu à trois perfonnes tout d' même. Comment me tirer de là?... Mais, j'y penfe, il y a ici un vieux qui prête à la petite femaine & qui donne des confeils... Il connaît tous les plans... Je vais me faire donner une confulte. (*Il frappe à gauche.*) Monfieur Butavant!

SCÈNE VII.

GUIGNOL, BUTAVANT.

BUTAVANT.

Qu'y a-t-il pour votre fervice?

GUIGNOL.

M'fieu Butavant, je viens vous demander une confulte... une confulte de fix francs.

SCENE VII.

BUTAVANT.

Expliquez-moi votre affaire.

GUIGNOL.

V'là ce que c'eſt. J'avais un veau, M'ſieu; je l'ai vendu.

BUTAVANT.

On ne vous a pas payé?

GUIGNOL.

Ce n'eſt pas ça... C'eſt que je l'ai vendu à trois perſonnes.

BUTAVANT.

Différentes?

GUIGNOL.

Différentes.

BUTAVANT.

Peſte! vous vous êtes mis là dans de vilains draps.

GUIGNOL.

Mes draps ſont pas plus vilains que les vôtres; ils ſont en carlicot tout neuf.

BUTAVANT.

Je veux dire que vous vous êtes expoſé à un ſort mauvais procès, en vendant votre veau à trois personnes différentes.

GUIGNOL.

C'est bien pour ça que je viens vous trouver. Je voudrais garder le veau...

BUTAVANT.

Et l'argent ? (*Guignol fait un signe affirmatif.*) Peste ! ce n'est pas là une consultation de six francs, ça vaut douze francs.

GUIGNOL.

Je donne dix francs.

BUTAVANT.

Impossible... douze.

GUIGNOL.

Eh ben, va pour douze francs !

BUTAVANT.

Laissez-moi réfléchir. (*Il met sa tête dans ses mains.*) J'ai votre affaire. Lorsque les personnes à qui vous avez vendu votre veau reviendront, vous ne leur répondrez pas une parole, vous ne ferez que ce geste & ce bruit. (*Il siffle en passant sa main devant sa bouche.*) Fui ! fui !

GUIGNOL.

Rien que ça ? (*Il imite le geste & le sifflement.*) Fui ! fui !

BUTAVANT.

On vous prendra pour un fou & tout fera fini... Donnez-moi mes douze francs.

GUIGNOL.

Tout à l'heure, quand j'aurai gagné.

BUTAVANT.

Comme il vous plaira. Je vais examiner cette fcène de mon balcon, & je m'en vais bien rire... ah! ah! (*Il fort en riant.*)

GUIGNOL.

Il vient de me donner un bon plan, le vieux coquin. (*Appercevant André.*) Aïe, aïe, aïe, v'là le boucher.

SCÈNE VIII.

GUIGNOL, ANDRÉ.

ANDRÉ, dans la coulisse.

Attention, Carabi, garde la voiture! (*Entrant.*) Bonjour, maître Guignol, je viens prendre mon veau.

GUIGNOL, avec le gefte & le fifflement indiqués.

Fui! fui! fui! fui!

ANDRÉ.

(*A part.*) Qu'eſt-ce qu'il a donc ? (*Haut.*) Je viens chercher mon veau. (*Même jeu de Guignol.*) Ah mais ! ça finit par m'ennuyer... Si vous avez changé d'idée, eh ben ! c'eſt pas joli... mais ça m'eſt égal... Rendez-moi mon louis, & il n'y a rien de fait. (*Même jeu de Guignol.*) Ah ! c'eſt comme ça... ni l'un ni l'autre ?... petite canaille ! je vais trouver Monſieur le Bailli & nous allons voir. (*Il ſort. — Guignol l'accompagne avec le même jeu.*)

GUIGNOL.

En voilà un d'expédié... Ah ! le médecin à préſent !

SCÈNE IX.

GUIGNOL, M. TOUTOU.

TOUTOU.

Ces domeſtiques ſont inſupportables ! Baptiſte eſt ſorti, & je ne puis pas attendre... Je ſuis impatient d'avoir ce veau & de commencer mes diſtillations. (*Apercevant Guignol.*) Ah ! Monſieur Guignol, mon domeſtique eſt abſent. Je vous prie de conduire mon veau chez moi ; je vous donnerai cinq francs pour votre peine. (*Même jeu de Guignol.*) Hein ! plaît-il ? qu'eſt-ce que cela veut dire ? Je vous demande mon veau. (*Même jeu.*) Vous ne voulez plus me le vendre, peut-être ?... Eh bien ! rendez-moi mes arrhes. (*Même jeu.*) Ah! c'est ainsi! je vais porter ma plainte à Monsieur le Bailli, petit fripon!

GUIGNOL.

Deux d'entortillés!... Oh! v'là la maman.

SCÈNE X.

GUIGNOL, Mme BONNESAUCE.

Mme BONNESAUCE.

Mon cher Monsieur Guignol, je viens chercher le petit animal; est-il prêt? (*Même jeu de Guignol.*) Hein! plaît-il? vous sifflez! vous avez perdu un chien?... ça me contrarie pour vous... Mais donnez-moi vite mon veau, je suis très-pressée. (*Même jeu de Guignol.*) Que signifie cette mauvaise plaisanterie? Donnez-moi mon veau ou rendez-moi mon argent. (*Même jeu.*) Mais c'est une abomination, c'est un vol! Je vais trouver Monsieur le Bailli, & il me rendra justice, petit scélérat!

GUIGNOL.

Et de trois! C'est pas sans peine; je peux plus siffler... Aïe! aïe! qu'est-ce qui vient de ce côté? Ils reviennent tous avec le Bailli... Un petit m'ment! (*Il sort.*)

SCÈNE XI.

LE BAILLI, ANDRÉ, TOUTOU, Mme BONNESAUCE, puis GUIGNOL.

Le Bailli est entouré d'André, de Toutou & de Mme Bonnesauce, qui lui parlent tous à la fois.

LE BAILLI.

Silence ! fapristi ! Parlez les uns après les autres... Je n'y comprends rien. (*A André.*) Voyons, vous qui êtes venu le premier, que m'avez-vous dit ?

ANDRÉ.

Je lui ai donné un louis d'arrhes...

TOUTOU.

Mais, Monsieur le Bailli, permettez-moi de vous expliquer...

Mme BONNESAUCE.

On n'a donc point d'égards pour le beau sexe... Je lui ai donné...

TOUTOU.

Laissez-moi donc parler...

ANDRÉ.

Mais, fapristi ! mon tour est bien venu.

SCENE XI.

LE BAILLI, s'adressant tantôt à l'un, tantôt à l'autre.

Silence ! mes oreilles sont cassées... Voyons, docteur, expliquez-vous posément. (*Ils recommencent à crier & à s'interrompre.*) Silence ! le premier qui parle, je le mets hors de cause. (*A Guignol qui est venu se placer silencieusement près de la bande.*) Monsieur Guignol, qu'avez-vous à répondre à ces réclamants ?

TOUTOU, ANDRÉ, Mme BONNESAUCE.

Oui, qu'as-tu à répondre, scélérat, canaille, fripon ? (*Guignol répond avec le geste & le sifflement indiqués.*)

LE BAILLI.

Heim ! (*Même jeu.*) Que dites-vous ? (*Même jeu.*) Cet homme est fou, vous le voyez bien. On ne traite pas avec un aliéné... Vous êtes dans votre tort. Arrangez-vous comme vous pourrez. Je me retire.

TOUTOU, ANDRÉ, Mme BONNESAUCE.

Mais, Monsieur le Bailli, Monsieur le Bailli.

LE BAILLI.

(*A part.*) C'est égal, cette affaire-là n'est pas claire ; je reviendrai. (*Haut à André, &c.*) Laissez-moi tranquille, vous êtes dans votre tort. (*Il sort.*)

ANDRÉ, TOUTOU, Mme BONNESAUCE.

Monsieur le Bailli, Monsieur le Bailli. (*A Guignol.*)

Scélérat! canaille! (*Guignol, qui a pris un bâton, les bat & les chasse. Ils sortent en criant. Guignol rit.*)

SCÈNE XII.

GUIGNOL, BUTAVANT.

BUTAVANT arrive en riant.

Ah! ah! ah! Eh bien! Monsieur Guignol, vous le voyez, mon conseil a parfaitement réussi ; je viens chercher mes douze francs.

GUIGNOL.

Ah! vos douze... (*Il s'arrête & siffle avec le geste indiqué.*)[1]

BUTAVANT.

Non, Monsieur Guignol, il n'y a plus personne ici... vous n'avez rien à craindre... vous pouvez parler... donnez-moi mes douze francs. (*Même jeu de Guignol.*) Ah! c'est comme ça que vous agissez ; vous viendrez une autre fois me demander des conseils !... (*Furieux.*) Je vous croyais plus honnête que cela... Canaille !...

GUIGNOL, lui donnant un coup de tête.

Allez donc vous plaindre à M'sieu le Bailli.

---

[1] Dans cette scène & les cinq précédentes, le souvenir de *la farce de Patelin* est manifeste.

SCÈNE XIII.

LES MÊMES, LE BAILLI *qui est entré vers la fin de la scène précédente avec les trois plaignants.*

LE BAILLI.

J'ai tout entendu, Monsieur Butavant... Vous donnez des conseils pour tromper autrui, & vous ne voulez pas qu'on vous trompe?... Un bon marchand doit faire lui-même l'essai de sa marchandise... C'est par vos fraudes que ces gens-là ont été dupés... Vous leur rembourserez l'argent qu'ils ont avancé à Guignol.

ANDRÉ.

Justement il m'a prêté l'autre jour une petite somme à douze pour cent par mois. Je me retiendrai mon louis.

TOUTOU.

Moi, je lui ai emprunté quelque argent pour ma fabrication de sirop de mou de veau, à cinq pour cent par semaine. Je me retiendrai mes trois louis.

Mme BONNESAUCE.

Et moi, je suis sa débitrice à un pour cent par jour. Je me retiendrai mes deux louis.

LE BAILLI.

Je vous y autorise... Vous entendez, Monsieur le

donneur de conseils!... Et j'espère que vous modèrerez un peu ces petits intérêts-là... sinon j'y mettrai ordre... Quant à toi, Guignol, qui as reçu l'argent, tu en as besoin pour ta noce ; mais tu le rembourseras à Monsieur Butavant. Tu lui feras un billet payable dans quinze ans, sans intérêt... Et que je ne te rattrape pas à faire un semblable commerce !

TOUS, moins Butavant.

Bien jugé ! bien jugé ! (*Ils sortent.*)

GUIGNOL, seul, à la cantonnade.

Merci, M'sieu le Bailli ; soyez tranquille, on ne m'y reprendra plus.

SCÈNE XIV.

GUIGNOL, GNAFRON, MADELON.

GNAFRON, à Madelon qui pleure.

Tais-toi, Madelon ; tais-toi, te vas savoir ton sort. (*A Guignol.*) Mossieu Chignol, je viens voir si les conditions sont remplies.

MADELON.

M'sieu Guignol, faut-y rire ? faut-y pleurer ?

GUIGNOL.

Riez, riez, Mamz'elle.

SCÈNE XIV.

MADELON.

Alors je ris, je ris !

GNAFRON.

T'as les trois louis, mon vieux ?

GUIGNOL.

J'en ai six ; & j'ai ma maison, ma vache & mon veau.

GNAFRON.

Ah ! Chignol, t'es bien le gendre qu'y me fallait ; y a toujours de quoi licher avec toi.

GUIGNOL.

A quand la noce ? dans quinze jours ?

GNAFRON.

Non, nous allons la commencer tout de suite... Nous la finirons dans quinze jours.

Ils sortent en chantant & en dansant.

FIN DU MARCHAND DE VEAUX.

UN DENTISTE

FANTAISIE EN UN ACTE

PERSONNAGES

GUIGNOL, tailleur.
GNAFRON, savetier.
M. CASSANDRE.
ARTHUR, son neveu.
CADET, } Amis de Guignol & de Gnafron.
TITI,

UN DENTISTE

FANTAISIE EN UN ACTE

Une Place publique.

SCÈNE PREMIÈRE.

GUIGNOL, seul.

TOUJOURS pas de chance, nom d'un rat! je viens de rendre trois culottes, que j'y ai mis des fonds, & une veste que j'y ai mis un coude. Ça faisait quatre francs sept sous, que j'y comptais pour aujourd'hui... Pst! on m'a remis à trois semaines... Me v'là joliment pané!... Les deux côtés de mon gousset sont collés, & mon ventre aussi... Et justement moi qui invite pour aujourd'hui le père Gnafron à déjeûner; je comptais sur ces quatre francs sept sous. Il va-t-être content, lui qui a un appétit de cheval & qu'avalerait bien un bœuf tout entier... Si lui aussi on l'a renvoyé à trois semaines, nous allons faire un déjeuner chenu... Ah! je l'entends, il chante... Oui, chante, merle!... y a gras.

SCÈNE II.

GUIGNOL, GNAFRON.

Gnafron entre en chantant : Vive le vin! vive ce jus divin! &c. Guignol continue l'air. Ils font des traits & finissent par un grand éclat de voix en désaccord.

GUIGNOL.

Père Gnafron, nous avons manqué notre vocation. Nous avons de vrais organes pour chanter des opéraux.

GNAFRON.

C'est vrai, Chignol, te serais un joli ténor léger; & moi avec ma basse-taille, je te soutiendrais par dernier.

Ils massacrent un duo d'opéra.

GUIGNOL.

Ça sera superbe; nous sommes taillés pour le chant.

GNAFRON.

Ah! ça, dis donc! est-ce que t'aimes à chanter avec le ventre vide, toi?... Le gigot est-il cuit?

GUIGNOL.

Il n'est pas sur le feu... Il n'y a rien à fricoter, mon pauvre vieux.

GNAFRON.

Comment?... & te m'avais invité à déjeuner.

GUIGNOL.

C'est vrai, mais y a un inconvénient.

GNAFRON.

C'est pas le manque d'appétit, pour le sûr?

GUIGNOL.

Vois-tu; je viens de rendre trois culottes, que j'y avais mis des fonds, & une veste, que j'y avais mis un coude. Ça faisait quatre francs sept sous. Personne n'a lâché les escalins.

GNAFRON.

Il ne fallait pas leur faire crédit, bêtard!

GUIGNOL.

L'ouvrage était faite, je l'ai rendue; ils m'ont tous remis à trois semaines... je pouvais pas remporter mes culottes.

GNAFRON.

Pardi! il fallait leur dire que ton ventre peut pas se remettre à trois semaines.

GUIGNOL.

Mais y a, par exemple, une pauvre veuve qu'avait envoyé quinze francs à un de ses garçons qu'est soldat au régiment... Il faut ben avoir compassion du monde.

GNAFRON.

Et s'il est soldat, il est plus heureux que nous; il a toujours du pain sur la planche.

GUIGNOL.

Il lui faut ben quéques sous pour se mettre une goutte de nequetar dans la corniole.

GNAFRON.

Et moi qui ai une faim de Croquemitaine... J'ai fait affûter mon couteau, &, pour me mettre en appétit, j'ai avalé ce matin trois verres de vermouth.

GUIGNOL.

Ça doit t'avoir creusé.

GNAFRON

Et te n'as pas le sou?

GUIGNOL.

Ah! ouich! je peux bien faire l'arbre fourchu, sans crainte de perdre ma monnaie... Et toi, pourquoi paierais-tu pas à déjeuner?

GNAFRON.

Pourquoi? c'est que je suis comme toi. Nos gouffets se ressemblent comme deux frères beffons... J'ai ben rendu hier quatre paires de groles qu'on m'avait données à ressemeler, mais personne m'a pôné de pécuniaux... Ah! vois-tu, c'est pas le Pérou que d'être cordonnier en vieux!... Nos parents ont bien eu tort; ils nous ont pas donné des bons états.

GUIGNOL.

T'as raison, la saveterie & la tailleuserie, ça donne pas gros à boire... Il nous faudrait pouvoir trouver un autre état.

GNAFRON.

C'est ça, un état où y ait rien à faire.

GUIGNOL.

Comme te connais bien mon tempérament!

GNAFRON.

Ah! si j'avais une vigne, v'là un bon état!... si j'avais une vigne, j'en aurais soin comme d'un enfant!...

C'eſt le vin qui nous rend le cœur gai, c'eſt le vin qui nous ſoutient.

GUIGNOL.

Et l'autre jour, te t'es phoſtographié dans la crotte parce que t'en avais trop bu !

GNAFRON.

C'eſt pas parce que j'en avais trop bu, mais parce qu'il était drogué... Ah ! ſi je les tenais ceux qui droguent le vin... ſcélérats ! je leur ferais paſſer un mauvais quart d'heure. Droguer le vin ! ce rayon de ſoleil qui dore nos cheveux blancs, qui colore notre nez & nos rêves !... brigands !... Y avait de l'eau dedans l'autre jour ; & l'eau, ça me dérange... Quand y a que la graine pure, je trempalle même pas... Mais mon ventre crie comme un ſourd. Dis donc, as-tu rien à mettre au Mont-de-Piété ?

GUIGNOL.

Ah bah ! tout y a déjà paſſé... mets-y ton ventre au Mont-de-Piété.

GNAFRON.

On me prêterait rien ſur cette caiſſe d'horloge. Elle eſt arrête pour le moment, elle a beſoin d'être graiſſée.

GUIGNOL.

Mais eſt-ce que te trouverais pas crédit quéque part ?

GNAFRON.

Le crédit, nous l'avons brûlé.

GUIGNOL.

Je pense ben; je peux plus trouver à faire de dettes... Te m'en as trop fait faire.

GNAFRON.

Avec les débitants d'aujourd'hui y a pas moyen de vivre. On vous fait ben crédit pour quarante sous, trois francs, on va ben jusqu'à cinq francs; mais pas plus loin... Et encore on a l'air de vous regarder de travers, quand on entre dans la boutique... Je m'engraisserais comme un lard, si je trouvais un bon état.

GUIGNOL.

Oui, mais il s'agit de le trouver... Voyons, père Gnafron, toi qu'as pas mal roulé ta bosse, trouve-moi ça.

GNAFRON.

C'est ben plutôt toi qu'as essayé tous les états. T'as quitté ton métier de canut parce que te trouvais que t'avais trop de peine : te t'endormais sur le rouleau & ta navette ne glissait plus... T'en as tant essayé d'autres, te dois ben t'y connaître.

GUIGNOL.

C'est ben parce que je les ai essayés que j'en veux plus.

GNAFRON.

Eh ben! voyons! si nous nous mettions leveurs de taches sur le quai de l'Hôpital?

GUIGNOL.

Va te promener! Il faut prendre les gens au collet, & avant de trouver un gone qui vous fasse gagner une pièce de vingt sous, il faut droguer tout un jour.

GNAFRON.

Alors mettons-nous pâtissiers.

GUIGNOL.

Oui!... t'avalerais les quenelles, & je n'aurais que la croûte. Nous ferions mieux de nous mettre marchands de vin.

GNAFRON.

Marchand de vin! jamais!... Est-ce que ça se vend le vin? si j'en avais, est-ce que je le vendrais?

GUIGNOL.

Qu'en ferais-tu donc?

GNAFRON.

Je le boirais! Le vin, ça se boit, ça se donne aux amis; mais le vendre! abomination!... Nous ferions mieux de nous mettre fabricants d'allumettes chimiques.

GUIGNOL.

Oh! non, on souffre trop.

GNAFRON.

Sans odeur, sans éclat & sans bruit.

GUIGNOL.

On dit qu'on va mettre un impôt dessus... Te t'enfoncerais comme quand te tirais les cartes & que te disais la bonne fortune aux cuisinières.

GNAFRON.

On se trompe ben toujours quéque fois.

GUIGNOL.

Oui; t'avais la rage de leur prédire qu'elles épouseraient des sapeurs... & la dernière s'est mariée avec un brigadier de l'artillerie de Vénissieux (1).

GNAFRON.

Que veux-tu donc? il faut toujours prédire aux gens ce qui leur fait plaisir.

---

(1) Vénissieux & quelques communes voisines ont une industrie qui s'exerce la nuit, dans les rues de Lyon, au moyen de voitures & de tonneaux d'une forme spéciale. C'est là pour Guignol un texte toujours nouveau de plaisanteries *de haulte graisse*.

GUIGNOL.

Oui, mais avec tous tes états... aujourd'hui, nous avons pas encore déjeuné... & v'là l'heure du dîner que s'avance.

GNAFRON.

Tiens! (*Il réfléchit.*) Nous dînons!... Fais-toi dentiste.

GUIGNOL.

Est-ce que je connais la dentisserie? te me prends pour une mâchoire.

GNAFRON.

T'as tout ce qu'il faut pour être dentiste... Faut un toupet d'aplomb, & être un bon menteur.

GUIGNOL.

Oh! alors, ça te convient : t'as une dose de menterie que se porte bien.

GNAFRON.

Par exemple! est-ce que je t'ai jamais dit un mensonge?

GUIGNOL.

Allons! pourquoi donc que te m'as dit l'autre jour que t'avais été au bois de Roche-Cardon chercher des nids, & que t'avais trouvé dans un nid dix œufs de lapin? Est-ce que les lapins font des œufs?

GNAFRON.

Pourquoi pas? les poules en font ben!... Et puis à présent on fait tant de progrès! On voit bien que te ne lis pas *le Siècle*.

GUIGNOL.

Je pense bien; je suis pas fort sur la lecture.

GNAFRON.

Mais toi, je te conseille de te plaindre. T'en dis pas des craques! & ta pêche de Montmerle!... c'est vrai p't-être?

GUIGNOL.

Quelle pêche?

GNAFRON.

M'as-tu pas dit qu'y avait un homme qui pêchait aux alentours de Montmerle avec des boyaux de poulets en guise d'asticots? Il voit que le bouchon tire, il tire aussi; il donne un coup sec, & il amène un marteau de maréchal... Mais v'là le plus beau. Le marteau tombe dans un buisson où il y avait un lièvre dedans, & il tue le lièvre.

GUIGNOL.

Mais c'est ben arrivé, puisque nous avons mangé le lièvre.

GNAFRON.

T'as p't-être mangé auffi le marteau de maréchal (1) ?

GUIGNOL.

C'eft bon, c'eft bon. Je fuis pas encore fi fort que toi... Dis donc, ton fumeur de l'autre jour !

GNAFRON.

Eh bien ! qu'as-tu à dire encore ?

GUIGNOL.

Oui, l'autre jour... nous avons vu paffer un homme dans la rue Mercière, qu'avait la tête toute noire & frifée... Je t'ai demandé pourquoi il avait la tête noire comme ça. — Te fais donc pas, que te m'as dit, que c'eft le plus grand fumeur de Lyon... Il a tant fumé qu'il a fini par fe culotter toute la tête.

GNAFRON.

Eh ben, c'eft la pure vérité. C'était un homme de la Marchinique. Là-bas ils ont du tabac plus fort que le nôtre. Ils changent jamais de pipe, & quand la pipe & le tuyau font culottés, ça les gagne infenfiblement, & ça leur culotte le melon.

---

(1) Cette férie d'hiftoires & de récriminations entre les deux camarades fe varie à chaque repréfentation. C'eft une fcène a gufto.

GUIGNOL.

Va! va! je te crois plus depuis que te m'as envoyé l'année paffée à Perrache, à l'expofition agrifcole, pour voir un cafard qui avait été apporté par un Breffan de Saint-Trivier & qui pefait dix-neuf kilos.

GNAFRON.

C'était un cafard phénoménaux... Il avait apporté le plus beau de fa ferme. Auffi il a eu le prix.

GUIGNOL.

Oui, & manquablement quelqu'un lui avait marché deffus quand je fuis arrivé à l'expofition... On a jamais pu me le faire voir... C'eft toi qui peut faire un fameux dentifte!... Mais, enfin, fuppofé que je m'y mette, & que je prenne une pancarte où j'écrirai que j'arrache les dents, fans douleur, qué que ça m'avancera, fi y me vient point de molaires à arracher.

GNAFRON.

Si c'eft que ça, j'ai ce qu'il te faut. Je connais un vieux qui crie comme un fourd d'une dent que lui fait mal depuis trois mois; il donne cent écus à celui qui lui l'arrachera.

GUIGNOL.

Cent écus! mais je lui arracherais ben toute la ganache pour ce prix-là.

GNAFRON.

Si te lui en arraches trop, il te paye pas... Faut faire attention. C'eſt que c'eſt pas facile d'arracher ſa dent, vu que c'eſt la dent de l'œil.

GUIGNOL.

Comment! il a une dent dans l'œil?

GNAFRON.

Te comprends pas! On appelle comme ça la dent qui ſe trouve tout droit au-deſſous de l'œil... & ſi on ne l'arrache pas comme il faut, on riſque d'amener l'œil avec.

GUIGNOL.

Ah! c'eſt ça!... Et comment donc qu'il faut faire pour pas arracher l'œil.

GNAFRON.

Laiſſe-moi t'expliquer... Quand ce Moſſieu viendra, te lui fais un grand ſalut, comme ça. (*Il ſalue.*) Te le fais aſſeoir.

GUIGNOL.

Sur quoi, Benoît? Mes fauteuils ſont en réparation chez le marchand.

GNAFRON.

Te le colles par terre... Puis te lui fais ouvrir la ganache... tu y mets la main dedans.

GUIGNOL.

Oui, & s'il ferme le portail, il me l'avale.

GNAFRON.

Te le retiens de l'autre... t'as toujours peur... Te saisis adroitement sa dent avec des tenailles, te fais aigre, & la dent vient.

GUIGNOL.

Faudra bien qu'y vienne quéque chose... Comme ça t'as la pratique?... Moi, je sais pas où l'aller trouver.

GNAFRON.

Laisse-moi faire ; je connais son neveur. Je t'annoncerai comme un grand, *docqueteur doctoribus*, qui arrive incognito de l'Amérique. Je lui dirai que t'as passé par la Marchinique, par le tropique, & que t'es venu ici par le Maroc ; que t'as même arraché une dent au roi de Maroc, qui t'a donné une dotation de douze mille francs en récompense, avec une dent d'éléphant & son portrait.

GUIGNOL.

Mais, pauvre vieux, je suis jamais allé plus loin que Brindas.

GNAFRON.

Qué que ça fait? il en fait rien. Je t'appellerai le grand docqueteur Chignachilus.

GUIGNOL.

Et t'ajouteras : Natif de Saint-Symphorien-d'Ozon, arrondissement de Vénissieux, département de Sédan, canton du Cantal... avec le Puy-de-Dôme par-dessus.

GNAFRON.

Bravo ! & te parleras latin.

GUIGNOL.

Oui, j'ai été dans un pensionnat ;... je baliais les classes... Mais si il sait le latin, il me prendra bien en faute.

GNAFRON.

N'as pas peur ! je lui dirai que c'est un latin étranger.

GUIGNOL.

Va bien !... Faut maintenant nous préparer. Je rentre chez moi, & te me fais signe quand il faut venir.

GNAFRON.

Va vite !... Voilà quelqu'un.

Guignol sort. Gnafron se cache dans le fond.

SCÈNE III.

ARTHUR, GNAFRON.

ARTHUR.

C'est vraiment désespérant de voir mon oncle souffrir aussi cruellement. Et dire que dans cette ville il n'existe pas un dentiste qui puisse le soulager! Je vais m'adresser au premier venu, à la première bonne femme que je trouverai. C'est souvent le remède le plus simple qui est le plus efficace.

GNAFRON, feignant d'arriver tout essoufflé.

Ah! Monsieur Arthur, je suis tout en nage. Je souffle, je souffle... Ai-je couru?... C'est pour venir vous annoncer que j'ai trouvé un grand docqueteur qui m'a promis de guérir Mossieu Cassandre.

ARTHUR.

Vraiment! mon bon Gnafron! Ah! quel bonheur!... Vous l'avez vu? vous savez où il demeure?

GNAFRON.

Je sais son nom, son adresse, tout... C'est un homme unique, un savantissime docqueteur. Il a voyagé dans les huit parties du monde. Il opère par le télégriphe électraque, par correspondance. On n'a jamais vu son pareil.

Il arrive avec six vaisseaux chargés des dents qu'il a arrachées ; ils sont en rade à Saint-Just.

ARTHUR.

Ah ! ce que vous me dites là me fait un bien infini. Mon bon oncle sera bien heureux. D'après ce que je vois, c'est un homme très-savant... & il se nomme ?

GNAFRON.

Le grand docqueteur Chignachilus.

ARTHUR.

C'est un nom étranger.

GNAFRON.

Natif de Saint-Symphorien-d'Ozon, arrondissement de Vénissieux, département de Sédan, lisière du Cantal... avec le Puy-de-Dôme par-dessus. Il parle toutes les langues, l'arabe, le grec, le latin, *latinus*, le dauphinois... qui se parle avec les doigts... l'auvergnat, le charabia, les langues mortes & vivantes... Il les parle toutes à la fois.

ARTHUR.

Mais alors comment voulez-vous que nous puissions le comprendre ?

GNAFRON.

Soyez tranquille, je traduirai...

ARTHUR.

Monsieur Gnafron serait mon interprète ?

GNAFRON.

J'ai l'habitude de parler avec lui... Et puis j'ai fait mes études; j'ai été professeur.

ARTHUR.

Professeur de quoi ?

GNAFRON.

Professeur de quinet (1).

ARTHUR, riant.

Et où habite-t-il ce grand docteur ?

GNAFRON.

Vous voyez là-bas cette maison... dans la rue... c'est là qu'il demeure.

ARTHUR.

Comment ! un homme d'un tel mérite habite une maison d'aussi chétive apparence !

GNAFRON.

Oh ! Mossieu ! le talent se cache partout.

___

(1) Le *quinet* était jadis un jeu rues de Lyon. Voy. *les Frères Coq*, très en faveur parmi la jeunesse des p. 84.

ARTHUR.

Mais il devrait habiter un palais.

GNAFRON.

Oh! plus tard, il a l'intention de s'en faire faire un palais... du côté de Sédan. Il veut le bâtir avec les molaires qu'il a extirpées & qui sont dans ses six vaisseaux. On l'appellera le palais de la Morsure. Nous allons voir de suite s'il est chez lui.

Il frappe ; Guignol entre.

SCÈNE IV.

LES MÊMES, GUIGNOL.

ARTHUR, saluant.

Salut, grand docteur Chignachilus.

GUIGNOL.

Salutem destrabodo hominibus vobis.

ARTHUR, à Gnafron.

Qu'est-ce qu'il dit ? Je ne comprends pas bien... Est-ce que c'est du latin ?

GNAFRON.

C'est du latin de Vaise. Il vous demande ce que vous désirez.

ARTHUR.

Grand docteur, je possède un oncle qui souffre cruellement d'une dent depuis trois mois. Il a vainement consulté tout le monde. La science de tous nos docteurs a échoué contre son mal, mais j'espère que vous serez plus heureux qu'eux tous.

GUIGNOL.

Ni quis deindè nimis.

GNAFRON, à part.

Il parle d'un cuisse de dinde ; ça me fait penser au dîner. (*Haut.*) Il dit, Moffieu Arthur, que si votre oncle a mal aux dents, c'est par suite d'une imprudence. Il a pris un chaud & froid pour n'avoir pas changé de chemise un jour qu'il était un peu altéré.

GUIGNOL.

Sed si quis purgatis, lavacres.

GNAFRON.

On le saigne, on le purge, il en crève.

ARTHUR.

Peste ! c'est peu rassurant.

GNAFRON.

En d'autres mains que les siennes... Mais lui le sauve.

GUIGNOL.

Asinus asinuncle fricasse.

GNAFRON.

Sans lui votre oncle était fricassé... Il dit aussi que vous pouvez aller le chercher, quand vous voudrez.

ARTHUR.

C'est bien, docteur! j'y cours à l'instant. Quelle heureuse nouvelle je vais annoncer à ce bon vieillard!... Gnafron, prenez donc ces dix francs. (*Il lui donne de l'argent.*)

GNAFRON.

Oh! Mossieu Arthur, c'est pas nécessaire... j'accepte.

ARTHUR.

A tout à l'heure, docteur. (*Il salue & sort.*)

SCÈNE V.

GUIGNOL, GNAFRON.

GNAFRON, sautant de joie.

Entortillatus est.

GUIGNOL, lui donnant un coup de tête.

Cognabuntur!

SCÈNE V.

GNAFRON.

Te cognes ! pourquoi donc ça ?

GUIGNOL.

Est-ce que nous sommes pas associés ?... Te gardes l'argent ! amènes donc voir cinq francs.

GNAFRON.

C'est pour le dîner, grand bête !... T'es bien pressé de mettre la main sur le *quibus*.

GUIGNOL.

Ah ! te parle latin, toi aussi !

GNAFRON.

Tiens, crois-tu que t'as été seul à recevoir de l'éducance ?... On a monté comme toi le Garillan dans sa jeunesse.... & j'ai pas rien été, comme toi, domestique dans un malôtru pensionnat. J'ai été portier au Grand collége... Je connais l'adjectif, le possessif, pluriel, masculin, singulier.... Quand te seras embarrassé, te peux venir me consulter... Mais, attention, Chignol, v'là le vieux qui s'amène.

GUIGNOL.

Il a l'air joliment malade.

SCÈNE VI.

LES MÊMES, M. CASSANDRE, ARTHUR.

CASSANDRE

Ah ! docteur, que je souffre ! que je suis aise que vous arriviez dans un pareil moment ! On m'a dit que vous avez arraché une dent au roi des Marocains : vous m'arracherez bien la mienne.

GUIGNOL.

Si derideri ab hoc & ab hac.

GNAFRON.

Il dit que si vous voulez guérir, il ne faut plus prendre de tabac.

CASSANDRE.

Comme vous voudrez, docteur !... Oh ! que je souffre ! que je souffre !

GUIGNOL.

Finis coronus opat... Vénérable vieillard, je vous défricherai la mâchoire. Mais j'aime pas que les étrangers assistent à mes opérations. Faites partir votre neveu. Et vous aussi, M'sieu Gnafron, débarrassez-moi le plancher. (*Arthur & Gnafron sortent.*)

SCÈNE VII.

M. CASSANDRE, GUIGNOL.

GUIGNOL.

Maintenant, vieux, ouvrez le portail.

CASSANDRE.

Ah! docteur, que je souffre! que je souffre!

GUIGNOL.

Un m'ment. Parlez pas, c'est malsain... Vous voyez bien que le grand air augmente votre douleur.

CASSANDRE.

Comment, le grand air?

GUIGNOL.

Oui, vous comprenez bien que, quand vous parlez, l'air se filtre dans la dent... Quittez votre chapeau... Allons, couchez-vous, pour que je visite cette dent cruelle. (*Cassandre se couche sur le bord du théâtre.*) Maintenant ouvrez la barquette. (*Il lui ouvre la bouche.*)

CASSANDRE.

Oh! la, la! que vous me faites mal! vous me mettez le doigt sur la dent malade.

GUIGNOL.

C'est rien : si je vous dégrabole pas cette dent, je veux que la tête vous pette. Voyons, quel âge avez-vous ?

CASSANDRE.

Soixante-trois ans.

GUIGNOL.

Avez-vous été marié ?

CASSANDRE.

Trois fois.

GUIGNOL.

Avez-vous eu des enfants ?

CASSANDRE.

Trois.

GUIGNOL.

Combien faites-vous de repas par jour ?

CASSANDRE.

Trois.

GUIGNOL.

Combien buvez-vous de bouteilles de vin par jour ?

CASSANDRE.

Trois.

GUIGNOL.

Etes-vous riche ?

CASSANDRE.

Trois cent mille francs.

GUIGNOL.

Dans quelle rue demeurez-vous ?

CASSANDRE.

Rue Trois-Maries, n° 3, au 3me.

GUIGNOL.

Tout par trois. Eh ben, je vais vous guérir par l'homéopathoque, en trois coups. Attendez. (*Il sort, & rentre avec un bâton.*) D'abord, je vais vous pratiquer une légère friction le long de la colonne vertébroque. Attention ! (*Il frappe sur la rampe.*) Au commandement de trois, vous cracherez.

CASSANDRE.

Oui.

GUIGNOL.

Une ! (*Coup de bâton.*) Deux ! (*Id.*) Trois ! (*Id.*) Crachez ! Est-elle tombée ?

CASSANDRE.

Hélas, non! docteur, vous allez me faire tomber la tête; la dent n'a pas bougé de place.

GUIGNOL.

Elle est solide! Nous allons recommencer.

CASSANDRE.

Non pas, non pas; vous finiriez par m'assommer. Le derrière de la tête me fait à présent plus mal que le devant. Je voudrais quelque chose de plus expéditif.

GUIGNOL.

J'ai votre affaire. (*Il sort, & rentre avec un pistolet.*)

CASSANDRE.

Ne plaisantez pas avec cet instrument-là.

GUIGNOL.

Je vais vous arranger. (*Il attache la dent de Cassandre avec une ficelle, le place contre une coulisse & se met à l'autre extrémité, en tenant la ficelle.*) Tenez-vous ici, & ne bugez pas. Fermez l'œil gauche.

CASSANDRE.

Est-ce que vous voulez me crever le droit?... Ah! docteur, vous allez me tuer.

GUIGNOL.

Aie pas peur, ganache ! buge pas.

Coup de pistolet ; Cassandre tombe dans la coulisse ; Guignol va à lui & revient avec une mâchoire ; Cassandre le suit.

GUIGNOL, continuant.

Voilà, voilà ! Eh ben, je crois que vous pouviez souffrir, avec ça ! Voyez donc ces racines ! quels crocs, nom d'un rat !... Papa, voilà l'endroit où vous mettiez votre pipe... Mais qu'est-ce que je vois là ? un nid de sauterelles ! vous vous serez endormi sur l'herbe : c'est ça qui vous grabotait tant. J'espère qu'à présent vous voilà guéri.

CASSANDRE.

Tout à fait. Je n'ai plus qu'une petite douleur à la nuque... mais à la mâchoire, je ne sens plus rien... je me sens même un vide dans la bouche.

SCÈNE VIII.

LES MÊMES, ARTHUR, GNAFRON.

CASSANDRE, à Arthur qui entre avec Gnafron.

Viens, mon enfant ; viens voir la belle opération du grand docteur Chignachilus.

ARTHUR.

Ah! cher oncle, vous voilà donc délivré cette fois!

CASSANDRE.

Oui, oui, je fuis complètement guéri.

GUIGNOL.

Papa, je vous demande cette dent... Je veux en faire une girouette pour mon château.

CASSANDRE.

Tout ce que vous voudrez... Pour une telle opération, je ne regrette rien. Combien vous faut-il?

GUIGNOL.

On m'a dit que vous donniez cent écus.

CASSANDRE.

Cent écus! allons donc! vous voulez rire.

GUIGNOL.

Pas du tout. On m'avait dit que vous les donniez à celui qui vous ratifferait le machoire.

CASSANDRE.

Allons donc! ça ne vaut pas cent écus; n'eft-ce pas, Arthur?

SCÈNE VIII.

ARTHUR.

Non, mon oncle, ça ne vaut pas cent écus.

GUIGNOL.

Et combien donc que ça vaut?

CASSANDRE.

Ça vaut... six cents francs.

GUIGNOL.

Pardon! six cents francs!... je vous en arrache encore une par-dessus le marché.

CASSANDRE.

Non, non, merci! c'est assez comme cela.

GUIGNOL, à Arthur.

Et vous, jeune homme? si vous voulez...

ARTHUR.

Merci, je m'en passe.

GUIGNOL.

Comme vous voudrez.

CASSANDRE.

Maintenant, docteur, prenez la peine de venir jusque

chez moi : j'aurai l'honneur de vous compter vos six cents francs.

GUIGNOL.

Six cents francs ! Ma fortune est faite. (*Il sort avec Cassandre & Arthur.*)

GNAFRON, seul.

Le gone n'a plus l'air de faire attention à moi. C'est pourtant moi qui lui ai valu celle-là.

SCÈNE IX.

GNAFRON, CADET, TITI (1).

CADET, à Titi.

Allons, te crois me faire avaler cette carotte, toi ?

TITI.

Je te dis que c'est vrai. C'est le père Gnafron qui me l'a raconté tout à l'heure. Justement le v'là !

---

(1) La conclusion est toujours la partie épineuse des pièces du répertoire Guignol. Elles ont rarement un dénouement arrangé. Parfois elles n'en n'ont point du tout. Le plus souvent, quand Guignol est sorti des difficultés de la situation, ses amis arrivent : on se dit des gandoises, on se houspille, on se cogne même ; puis on chante, on danse & on part pour aller boire ensemble. Nous donnons ici un échantillon de cette finale dont nous avons voulu éviter la trop fréquente répétition.

GNAFRON.

Eh bien ! quoi qu'y n'y a ?

CADET.

Y a que Titi veut me faire croire que Guignol s'eft mis dentifte à préfent. Il veut me faire pofer.

GNAFRON.

Oui, z'enfants ; c'eft la pure vérité : Guignol vient d'opérer une dent de cent écus. (*Exclamations.*)

TITI.

Mais lui ne vaut pas cent écus.

GNAFRON.

Z'enfants, c'eft une nouvelle entreprife que nous avons commencée enfemble. Ça rend cinquante du cent. Je vous affocie tous... pour aujourd'hui.

TOUS.

Allons, bravo ! vive le père Gnafron !

GNAFRON, à part.

Guignol refte bien longtemps. Mon eftomac dégringole... Je n'ai pourtant encore pris que trois verres de vermouth d'aujourd'hui.

SCÈNE X.

LES MÊMES, GUIGNOL.

Guignol passe dans le fond, paraissant ne point faire attention aux autres.

CADET.

Eh ben! où vas-tu donc comme çà?

GUIGNOL.

Arrière, marauds! je vais où je veux.

CADET.

Tiens! il fait le fier à présent.

TITI.

V'là comme on change quand on devient riche; il ne connaît plus ses amis.

GUIGNOL.

Qu'est-ce que c'est que tous ces commissionnaires?

TITI.

Te veux plus trinquer avec nous?

GUIGNOL.

Qu'est-ce que c'est que ces instrus? Ma malle est au chemin de fer; j'ai pas le temps, je prends l'express.

TITI.

Il fait sa poire... Si t'as quarante sous dans ton gousset, j'en ai ben aussi des ronds.

GUIGNOL.

Tenez, laissez-moi la paix, v'là deux sous !

TITI.

Il nous prend pour des décrotteurs.

GUIGNOL.

Est-ce que je connais des merles de votre espèce ?

GNAFRON, s'approchant de lui & bas.

Je vois ben que te le fais pour rire.

GUIGNOL, de même.

Te les as donc associés ?

GNAFRON, de même.

Oui, pour le dîner. C'est toujours les amis.

TITI.

Qu'est-ce que vous surchottez donc là-bas, comme deux grenouilles dans un étang de Bresse ?

GUIGNOL.

Qu'eſt-ce te dis, petit ? Viens donc ici, je veux te doter. (*Il lui donne un soufflet.*) V'là mon cadeau de noces.

TITI.

Eh ben, t'es gentil ! nous allons nous expliquer.

GNAFRON.

Z'enfants, la paix ! Nous nous expliquerons le verre en main... A table ! j'ai une faim de loup.

GUIGNOL.

Je paye un dîner à quinze francs par tête, ſans le café... *Au Lapin qui ſe rebiffe*... Et une romance au bout.

GNAFRON.

Oh ! y a de quoi faire ! Nous boirons, nous rirons, nous chanterons, nous danſerons, nous rigolerons... En avant !

GUIGNOL.

Je veux plus d'autre état que celui de dentiſte, & je m'en vais courir le monde avec une calèche à ſix chevaux & un chapeau galonné... Laiſſe-moi ſeulement, avant de partir, donner à la ſociété un de mes meilleurs ſecrets. (*Il va chercher une bouteille de vin, qu'il place ſur la rampe, en diſant :*) V'là ce que c'eſt ! Bourgogne ! première qualité !

AU PUBLIC :

AIR : *Mari, trempe ton pain !*

Pour le mal de dent,
L'extrait de farment
Eft un fpécifique
Unique ;
Pour le mal de dent,
L'extrait de farment
Eft tout ce qu'y a de plus cannant.

Meſſieurs, ſi quéqu' dent creuſe
Vous cauſe une fièvre affreuſe,
Par ordr' du docteur,
Flûtez cette liqueur,
Et l' remède opèr'ra, fans douleur.

Chœur :

Pour le mal de dent, &c., &c.

FIN DU DENTISTE (1).

(1) La tradition attribue *Un Dentiſte* à Mourguet grand père. Si cette indication eſt exacte, elle montre combien était varié le talent de cet artiſte. *Les Frères Coq* & *Un Dentiſte* appartiennent à des genres abſolument différents, & les deux pièces font traitées de la main d'un maître.

LE MARCHAND DE PICARLATS

PIÈCE EN DEUX TABLEAUX

PERSONNAGES

GUIGNOL, marchand de picaillais.
GNAFRON, ami de Guignol.
CADET, ami de Gnafron.
POMMADIN, perruquier.
LE BAILLI.
UN ANE.

LE MARCHAND DE PICCARLATS

PIÈCE EN DEUX TABLEAUX

PREMIER TABLEAU

Une Place publique.

SCÈNE PREMIÈRE.

GNAFRON, CADET.

GNAFRON.

RRIVE donc, pauvre Cadet! Te vois comme on me traite.

CADET.

Un efpicier qui nous refufe un litre à crédit! Infolent!

GNAFRON.

Il perdra ma pratique.... Un espicier que je me sers chez lui depuis sept ans ! Est-ce que je lui ai jamais manqué ? est-ce que je me suis plaint de son vin ?

CADET.

Te ne lui dois rien ?

GNAFRON.

Qu'est-ce que te dis ? Je lui dois ces sept ans... Il m'a jamais présenté son dusplicâta... Qui renonce perd la partie.

CADET.

Il a tort.

GNAFRON.

Il dit ben qu'il me l'a envoyé par écrit ; mais ça me regarde pas, moi ; je sais pas lire.

CADET.

En attendant, nous mourons de soif.

GNAFRON.

J'ai le gosier sec comme une éponge qui aurait resté quinze jours au soleil. Si je savais qu'on nous prête quelque chose sur ton panneau [1], je le porterais au Mont-

[1] *Sur ton panneau ;* sur ton habit.

de-Piété. (*On entend Guignol crier :* Marchand de picarlats(1) !) Mais je me trompe pas, c'eſt la voix de Chignol. (*Appelant.*) Ohé! Chignol! viens par ici, mon vieux.

SCÈNE II.

LES MÊMES, GUIGNOL.

GUIGNOL, *il entre tenant par la bride ſon âne qui a des cotrets ſur le dos.*

Marchand de picarlats!... Tiens! vous v'là, z'enfants; qué mine vous faites! Je parie deux ſous que vous n'avez pas trois ſous.

GNAFRON.

Y en a que mettent trois fois pour deviner, mais toi te devines du premier coup.

GUIGNOL.

Tenez, les amis, v'là vingt ſous : allez faire tirer bouteille... Sitôt que j'aurai vendu ma charge, j'irai vous rejoindre... Comme j'ai été bien ſage la ſemaine paſſée, ma femme m'a fait cadeau du prix que je vendrai ces picarlats. Je vous paye à dîner à vingt-cinq ſous par tête, ſans compter le café.

(1) *Picarlats ;* cotrets.

GNAFRON.

C'eſt z'accepté à l'unanirmité... Chignol, t'as mon amitié... Nous allons t'attendre chez la mère Simonne... Viens, Cadet. (*Il ſort avec Cadet.*)

GUIGNOL, parlant à ſon âne.

Et toi, vieux, ſitôt que te ſeras débarraſſé de ta charge, je te paye un bon picotin d'avoine avec une miche trempée dans le vin... Hein! ça te va, ça te fait rire, gredin! (*Criant.*) Marchand de picarlats! Perſonne ne veut de picarlats par là-haut!... Hue, ganache, hue!

SCÈNE III.

GUIGNOL, POMMADIN.

POMMADIN.

Ah! ah! c'eſt vous marchand! c'eſt cette charge-là qui eſt à vendre?

GUIGNOL.

Vous le voyez ben, puiſque je la crie.

POMMADIN.

C'eſt bien petit, bien chétif.

GUIGNOL.

Pardi! c'eſt pas ſi gros qu'un bateau de foin... Hue!

POMMADIN.

Je le vois.... Mais, combien en voulez-vous?

GUIGNOL.

J'en veux cinq francs.

POMMADIN.

Cinq francs, ça?

GUIGNOL.

Oui, cinq francs, ça.

POMMADIN.

Vous voulez rire, sans doute, c'est exorbitant!... Je vous en donne trois livres dix sous.

GUIGNOL, tirant son âne par la bride.

Hue!

POMMADIN.

Comment, hue!

GUIGNOL.

C'est pas à vous que je parle, c'est à mon poulet d'Inde.

POMMADIN.

Vous êtes donc tout d'un mot?

GUIGNOL.

Vous m'en donneriez quatre francs dix sous, vingt sous, quinze sous & nonante-cinq centimes avec, que vous l'auriez pas.

POMMADIN, à part.

Il m'a l'air d'un imbécile ; je vais m'en amuser. (*Haut.*) Tenez, je ne veux pas chipoter... Je vous donne vos cinq francs, mais il est bien convenu que vous me vendez tout le bois que porte votre âne.

GUIGNOL.

Pardi! Est-ce que vous croyez que je vous donnerai aussi ce moineau? Il m'a coûté sept francs dix sous à Charabara ; il aura six ans le vingt-un de mai... Natif de Saint-Symphorien-d'Ozon... Ses grands parents ont couru la poste du Moulin-à-Vent, dans les temps [1].

[1] Il y avait jadis sur la route de Vienne à Lyon, un service d'ânes avec relais, qu'on appelait la *Poste aux Ânes*, & dont les amateurs de ce genre d'équitation se montraient fort satisfaits. Ces ânes avaient un assez mauvais caractère : il arrivait souvent que parti à cheval on finissait son voyage à pied, la monture s'étant tout d'un coup livrée à des exercices sur le dos qui déroutaient absolument le cavalier ; mais c'étaient là des accidents prévus & qui n'avaient pas de bien funestes conséquences. Ces relais se terminaient au Moulin-à-Vent, près Lyon ; & il n'y a pas d'exemple qu'un des baudets voués à ce service ait jamais pu être déterminé par force ou par conviction à faire un pas au-delà de l'écurie dans laquelle ils avaient la coutume de prendre leur repos. Les progrès de notre temps ont fait, hélas! beaucoup de tort à cette industrie, & elle était déjà fort en souffrance avant l'établissement du chemin de fer, qui lui a porté un coup mortel.

POMMADIN.

C'est convenu... Monsieur Guignol, veuillez conduire le bois sous ce hangar. (*Il indique la droite du spectateur.*)

GUIGNOL.

Tout de suite... Hue donc, ganache; hue! (*A Pommadin.*) Dites donc, M'sieu, si vous avez une épingle, piquez-le un peu à la joue; il n'aime pas bien travailler le lundi... & surtout ne lui crevez pas l'œil.

POMMADIN, piquant l'âne.

Soyez tranquille; hue, hue donc! (*L'âne part. Ils sortent tous.*)

GUIGNOL, dans la coulisse.

Ne buge donc pas tant, ganache!... Tiens, v'là que t'as cassé ta sangle. (*Il rentre en scène avec l'âne qui n'a plus sa charge & qui vient se frotter sur la bande.*) Oh là! oh là! Arrête-toi donc, ganache. (*L'âne s'arrête.*)

POMMADIN, entrant.

Comme il est vif votre âne!... Voilà vos cinq francs, Monsieur Guignol.

GUIGNOL.

Merci, M'sieu Pommadin... Mais, dites donc, tenez-le, s'il vous plaît, un petit peu, que j'aille chercher son bât qu'il a laissé tomber par terre.

POMMADIN.

Son bât!... non pas, non pas... le bât eſt en bois : il m'appartient.

GUIGNOL.

Comment, il vous appartient?... Il eſt ben bien à moi... je l'ai acheté à Saint-Juſt.

POMMADIN.

Vous venez de me le vendre.

GUIGNOL.

Comment! vous avez le front de dire qu'en vous vendant mes picarlats, je vous ai vendu auſſi le bât, le tout pour cinq francs!

POMMADIN.

Expliquons-nous ſérieuſement... Rappelez-vous bien qu'il a été convenu entre nous que je vous achetais tout le bois qui était sur votre âne..... Le bât eſt en bois; donc il eſt à moi... Cela eſt clair, ce me ſemble.

GUIGNOL.

Me prenez-vous pour une bugne?... Je ſuis marchand de picarlats & pas de bâts; j'ai crié des picarlats & pas des bâts; je vous ai vendu des picarlats & pas un bât... Cinq francs!... Ah! je ferais un joli commerce!

POMMADIN.

Ça m'eft égal!... Je le tiens, je le garde.

GUIGNOL.

Ah! tu le gardes, petit filou... voleur de bâts!... ça ne fe paffera pas comme ça!... Je vais trouver M'fieu le Bailli, & il arrangera tes épinards. (*A fon âne.*) Allons! ganache, marche donc. (*Il fort, après quelques difficultés de la part de l'âne.*)

POMMADIN, feul, riant.

Ah! ah! le bon tour! Décidément je fuis l'homme le plus fpirituel de mon quartier... & le premier rafeur de la ville. (*Il fort, en chantant l'air de Figaro dans le Barbier, de Roffini.*)

SCÈNE IV.

LE BAILLI, GUIGNOL.

LE BAILLI, entrant avec Guignol.

Dépêchez-vous, dépêchez-vous!... J'ai beaucoup d'affaires à juger aujourd'hui... Où demeure-t-il?

GUIGNOL.

Laiffez-moi vous expliquer...

LE BAILLI.

J'ai parfaitement compris vos explications... C'eſt très-bien.

GUIGNOL.

Mais non, M'ſieu, c'eſt très-mal.

LE BAILLI.

Ne recommençons pas... Vos noms & prénoms?

GUIGNOL.

Jean-Claude Guignol, âgé de vingt-ſept ans, aux prunes Reine-Claude.

LE BAILLI.

C'eſt très-bien, je vais entendre le nommé Pommadin. (*Frappant chez Pommadin.*) Monſieur Pommadin, par ici!

SCÈNE V.

LES MÊMES, POMMADIN.

POMMADIN, entrant.

Ah! Monſieur le Bailli, je vous ſalue. A quoi dois-je l'honneur de votre viſite?

LE BAILLI.

Vous allez le savoir. Vous retenez à Monsieur Jean-Claude Guignol, ici présent, le bât de son âne. Expliquez-vous sur ce fait... & brièvement.

POMMADIN.

Cela sera facile, Monsieur le Bailli; voici le fait. Ce matin, Monsieur, ici présent, passait en criant: Marchand de Picarlats!

GUIGNOL, vivement.

Je pouvais pas crier : Marchand de fromages! p't-être.

LE BAILLI.

Silence ! laissez parler le défendeur.

GUIGNOL.

Ficelle ! voleur de bâts !

LE BAILLI.

N'invectivez pas votre adversaire.

GUIGNOL.

Je ne le victime pas.

LE BAILLI, à Pommadin.

Continuez!

POMMADIN.

Je lui ai demandé combien il vendait sa charge. Il me l'a faite cinq francs... c'était hors de prix.

GUIGNOL.

Fallait pas l'acheter.

LE BAILLI.

N'interrompez pas.

POMMADIN.

Vous devez comprendre, Monsieur le Bailli, que mon intention n'était pas...

GUIGNOL, l'interrompant.

Parce que, nécessairement, si il parle toujours, il aura raison...

Tous deux continuent à parler en même temps.

LE BAILLI, après avoir essayé de les calmer du geste, très-fort.

Silence ! parlez l'un après l'autre... Pommadin, continuez.

POMMADIN.

Comme je vous l'ai dit, Monsieur le Bailli, il m'a fait sa charge cinq francs ; j'ai consenti à les lui donner, mais je lui ai dit que je voulais tout le bois que portait son âne. Il en est convenu... l'âne a déposé chez moi toute sa

charge, compris le bât... J'ai payé Monsieur Guignol...
C'est alors qu'il a voulu reprendre le bât, prétendant qu'il
lui appartient... C'est une erreur manifeste... j'ai acheté
tout le bois qui était sur l'âne... le bât est en bois... il
est à moi.

<small>Pendant cette réplique, Guignol a gesticulé & parlé seul à demi-voix.</small>

LE BAILLI.

C'est bien. (*A Guignol.*) Plaignant, qu'avez-vous à
répondre? (*Silence.*) Mais, répondrez-vous, plaignant?...
Tout à l'heure vous ne pouviez pas vous taire;... à présent, vous ne voulez pas parler.

GUIGNOL.

Ah! c'est donc à moi!... Mais, M'sieu, je m'appelle
pas plaignant, je m'appelle Guignol.

LE BAILLI.

Vous êtes plaignant, puisque vous portez plainte.
Ne me faites pas perdre mon temps. Que répondez-vous?

GUIGNOL.

Je réponds que c'est un gueux... J'ai entendu lui vendre que ma charge de picarlats, & il a pas été parlé du
bât de mon âne.

LE BAILLI.

Répondez à mes questions... Ce bât est-il en bois?

GUIGNOL.

Oui, mais pas en bois de picarlats.

LE BAILLI.

Je ne vous demande pas cela... Eſt-il vrai que vous êtes convenu avec Monſieur que vous lui vendiez tout le bois qui était ſur votre âne ?

GUIGNOL.

Oui ; mais nous ne parlions que de bois à brûler.

LE BAILLI.

Il fallait mieux vous expliquer... Toute clauſe ambiguë s'interprète contre le vendeur... Je vais rendre mon jugement : « ... Conſidérant que le ſieur Pommadin a « acheté tout le bois que portait l'âne du ſieur Guignol; « conſidérant que le bât de l'âne eſt en bois ; je condamne « le ſieur Guignol à livrer au ſieur Pommadin tout le bois « que portait ſon âne, le bât compris. » Jugé ſans appel & en dernier reſſort. Vous pouvez vous retirer... & ne me dérangez plus...

GUIGNOL.

Mais, M'ſieu le Bailli...

LE BAILLI.

En dernier reſſort. (*Il ſort.*)

POMMADIN.

Sans appel. (*Il sort.*)

GUIGNOL, seul.

Eh ben! en v'là une jugerie!... Ah! mauvais raseur! te m'as donné un coup de peigne, mais ça se passera pas comme ça... Je vas retrouver Gnafron, boire une bouteille & ruminer un plan. (*Il sort.*)

DEUXIÈME TABLEAU

La boutique de Pommadin.

SCÈNE PREMIÈRE.

POMMADIN seul.

(*Dans la coulisse.*) Allons, Thomas... Allons, Lafleur... alerte! aiguisez mes rasoirs, préparez mes savonnettes & faites chauffer de l'eau. C'est aujourd'hui mon grand jour de barbe! (*Entrant.*) Ces garçons sont d'une lenteur & d'une maladresse!... On ne fait bien ses affaires que soi-même. (*Riant.*) Ah! ah! je ris encore du marché que j'ai fait hier avec ce vendeur de picarlats... Ah! ah! on ne m'attrape pas facilement, moi! (*On entend Guignol dire :* Peut-on t'entrer?) Mais, je crois reconnaître cette voix... Entrez, Monsieur, entrez... (*Guignol entre.*) Ah! c'est ce cher Monsieur Guignol.

SCÈNE II.

POMMADIN, GUIGNOL.

GUIGNOL.

Bonjour, M'fieu Pommadin, je viens vous trouver... Vous voyez que je vous en veux pas, malgré que vous m'avez joué une fameufe farce hier.

POMMADIN.

Que voulez-vous? Je fuis l'homme le plus fpirituel & le plus fallacieux de mon quartier.

GUIGNOL.

C'eft une affaire finie... Moi, je fuis fans rancune... Pour vous le prouver, voulez-vous boire une bouteille avec moi?

POMMADIN.

Non, merci, je ne bois jamais entre mes repas & le menton de mes pratiques.

GUIGNOL.

Vous êtes un malin... Mais, dites-moi donc, combien que vous prenez pour faire une barbe de première claffe?

POMMADIN.

Ça dépend, fi c'eft à la main ou au pinceau.

GUIGNOL.

Je veux être favonné au pinceau... de l'eau de Colonne dans l'eau... un coup de peigne avec de la pummade... combien que ça va coûter, tout ça?

POMMADIN

Pour vous, ça ne fera que vingt centimes.

GUIGNOL.

Quatre fous?... Tenez, v'là dix fous.

POMMADIN, refufant.

On ne paie jamais d'avance chez moi... Puis, c'eft plus que vous ne me devrez.

GUIGNOL.

C'eft que je vous ai pas tout dit... Je fuis en train, là-bas, en buvant bouteille, de faire un marché avec un camarade... celui qui m'apporte mon bois pour mes picarlats. C'eft un bon marché que nous allons conclure; &, comme il aime beaucoup les prévenances, pour le décider, je lui paye fa barbe... Tenez, M'fieu Pommadin, prenez ces dix fous; y aura deux fous d'étrennes pour le garçon.

POMMADIN, recevant.

Pour vous faire plaifir, j'accepte.

GUIGNOL.

Vous nous mettrez du linge bien blanc?

POMMADIN.

Sans doute; ma maison a la renommée de la propreté la plus exquise.

GUIGNOL.

Bien, M'sieu, je vas chercher mon camarade. (*En sortant.*) Voyez-vous, M'sieu Pommadin, j'y dois gagner cinquante francs sur ce marché... C'est pour ça que je lui paye sa barbe.

POMMADIN.

Je vous comprends.

GUIGNOL, riant.

Pas bête, Guignol, pas bête. (*Il sort.*)

POMMADIN.

(*A la cantonnade, en riant aussi.*) Oh! pas bête, du tout. (*Seul.*) Encore cinquante centimes d'attrapés à cet imbécile... Je vais tout préparer pour le recevoir, lui & son camarade. (*Il sort.*)

SCÈNE III.

GUIGNOL, puis POMMADIN.

GUIGNOL, entrant & tirant par la bride son âne qui fait une vive résistance.

Allons, viendras-tu, ganache ? J'ai payé pour toi ; te vas être joli, gredin !... Tiens-toi donc tranquille.

POMMADIN, entrant & voyant l'âne.

Que vois-je ? un âne chez moi ! Monsieur Guignol, y pensez-vous ?

GUIGNOL.

Je pense ben que j'y pense... Vous m'avez promis de me raser, moi & mon camarade... Me v'là, moi, & v'là mon camarade... C'est celui que m'apporte mon bois... Faut le raser... & vivement.

POMMADIN.

Je ne rase pas les ânes à quatre pattes. Emmenez cet animal !

GUIGNOL.

Qu'il ait quatre pattes ou qu'il en ait deux... c'est mon camarade... Te le raseras !

POMMADIN.

J'ai promis de raser un homme & non un quadrupède.

GUIGNOL.

Ce quadrupète eſt mon camarade... Y a ben des hommes qui le valent pas... Je t'ai payé ; t'as reçu l'argent... te le raſeras !

POMMADIN.

Je ne le raſerai pas !

GUIGNOL.

Te-le-ra-ſe-ras !

POMMADIN.

Monſieur Guignol, mettons fin, je vous prie, à cette plaiſanterie ; elle a déjà trop duré.

GUIGNOL.

Oh ! je ris pas... Ni toi non plus, mon vieux... Allons, à l'ouvrage vivement !.. T'es payé ; faut travailler.

POMMADIN, en colère.

Ah ! vous le prenez ſur ce ton-là ; je vais chercher Monſieur le Bailli & nous allons voir. (*Il ſort.*)

GUIGNOL.

Va chercher qui te voudras. (*A ſon âne.*) Sois tranquille, vieux, te vas être bien joli garçon tout à l'heure. (*L'âne remue.*) Ah ! mais, ne buge pas, ne buge pas. (*L'âne remue plus fort.*)

SCÈNE IV.

GUIGNOL, POMMADIN, LE BAILLI.

Le Bailli entre pendant que Guignol cherche à contenir son âne ; il est culbuté.

LE BAILLI.

Tenez donc cet animal... Monsieur Pommadin, comment laissez-vous entrer de pareilles bêtes chez vous ?

POMMADIN.

Monsieur le Bailli, vous me voyez confus de ce qui arrive... C'est précisément là l'objet de ma plainte... Cet homme a fait entrer son âne chez moi, au risque de tout briser... Et maintenant, il veut que je rase cette bête. (*L'âne fait un saut.*)

LE BAILLI, effrayé.

Mais retenez donc votre animal !

GUIGNOL, à son âne

Allons, ne buge pas !... Tiens-toi comme y faut.

LE BAILLI, à Guignol.

Expliquez-vous sur le fait de la plainte... mais brièvement... je suis pressé... Pourquoi avez-vous introduit votre âne céans ?

GUIGNOL.

Il s'appelle pas céans, il s'appelle Martin.

LE BAILLI.

Pourquoi l'avez-vous amené ici ? Répondez fans ambages.

GUIGNOL.

Sans jambages?

LE BAILLI.

Au fait ! au fait !

GUIGNOL.

Figurez-vous, M'fieu le Bailli, que je fuis venu chez M'fieu Pommadin... Je lui ai demandé combien qu'il prenait pour faire une barbe de première claffe... Il m'a dit quatre fous... Je lui ai dit que j'allais venir avec mon camarade qui m'apporte mon bois, pour nous faire rafer... Il m'a dit : Venez... Je lui ai dit : Tenez, v'là dix fous... J'ai payé pour tous les deux... & deux fous pour le garçon... Il m'a dit : Merci !.. Il a reçu l'argent ; v'là mon camarade, y faut qu'il le rafe ; allez !

LE BAILLI.

Très-bien... Pommadin, qu'avez-vous à répondre ?

POMMADIN.

Je réponds que lorfque j'ai promis de rafer fon camarade, je croyais que c'était un homme & non un âne.

LE BAILLI.

Il fallait mieux vous expliquer. Il ressort de ce que vous venez de dire, que vous avez promis de raser le camarade de Monsieur Guignol, celui qui lui apporte son bois...

POMMADIN.

Oui, mais...

LE BAILLI.

Ne m'interrompez pas. Avez-vous reçu les cinquante centimes?

POMMADIN.

Oui, Monsieur, & je suis prêt à les lui rendre.

GUIGNOL.

Je n'en veux pas.

LE BAILLI, à Pommadin.

Eh bien! Monsieur, quand on a reçu le salaire, on doit faire l'ouvrage... Je vais rendre mon jugement:
« ... Considérant que le sieur Pommadin s'est engagé,
« pour un prix qu'il a reçu, à raser le sieur Guignol & son
« camarade; considérant qu'il n'est pas nié que l'âne ici
« présent soit le camarade de Guignol; je condamne le
« sieur Pommadin à raser le sieur Guignol & son âne... »

Jugé sans appel & en dernier reſſort. Je me retire... & ne me dérangez plus.

POMMADIN

Mais, Monſieur le Bailli...

LE BAILLI.

Sans appel. (*Il ſort.*)

SCÈNE V.

GUIGNOL, POMMADIN.

GUIGNOL.

En dernier reſſort!... Eh! ben, vieux, quand je te le diſais!... Je penſe ben que t'es décidé à préſent?

POMMADIN.

Quelle humiliation! raſer une auſſi vilaine bête!

GUIGNOL.

Vilain! mon pauvre Martin! il eſt ben auſſi joli garçon que toi.

POMMADIN.

Il vous reſſemble, il a vos oreilles.

GUIGNOL.

Te voudrais bien avoir fon efprit... Ah ça, dépêchons... T'es condamné ; te vas faire la barbification, ou je te fais faifir ton bazar... & mon bidet aidera les huiffiers à la faifie.

POMMADIN.

Que va-t-on dire de moi dans le quartier ? (*Il va chercher une ferviette qu'il paffe au cou de l'âne.*) Du linge fi blanc pour une pareille bête.

GUIGNOL, à fon âne.

Ah gredin, te v'là content! (*A Pommadin.*) Va chercher ta favonnette à préfent, & qu'elle fente bonne!

POMMADIN fort, & revient tenant un pot de chambre, qu'il met fous le mufeau de l'âne.

Voilà qui eft bien bon pour un tel animal. (*L'âne fe jette fur le pot de chambre.*) Mais il mange ma favonnette... Arrêtez-le donc, c'est un anthropophage que cet animal.

GUIGNOL.

C'eft bien fait! Pourquoi lui donnes-tu un fi vilain plat à barbe?... (*Pommadin emporte le pot & revient.*) Allons, dépêchons... Laiffe-lui la mouche & les muftaches.

POMMADIN.

Non, décidément, je ne puis m'y résoudre... Il n'aurait qu'à me mordre.

GUIGNOL.

T'as peur qu'il te morde... Eh ben, fi te veux pas rafer à tribord... (*Il lève la queue de l'âne & le fait retourner.*) rafe à babord.

POMMADIN, détournant la tête.

Baiffez ça, baiffez ça!... Voyons, n'y aurait-il pas moyen de s'arranger?

GUIGNOL.

Ah! te veux t'arranger, c'eft facile. *Primus*, te vas me rendre le bât que te m'as caroté hier... *Secundus*, te vas me rendre mes dix fous de barbification... & *tertius*, te me donneras cinq francs pour un picotin pour mon âne, & cinquante francs pour moi pour faire un fricot avec les amis.

POMMADIN, pouffant un foupir.

Allons! c'eft bien cher!... Mais je confens à tout ce que vous voudrez... Tenez, voilà cinquante-cinq francs cinquante centimes. (*Il lui donne de l'argent.*) Je ne vous retiens pas même la valeur du favon que votre âne m'a dévoré.

GUIGNOL.

Oh! le favon, c'eft lui qui vous le rendra...demain...
en venant chercher fon bât!... Adieu, joli barbier! (*Il
va pour fortir.*)

POMMADIN.

Adieu! adieu, gros malin! (*Il fredonne à demi-voix &
triftement l'air* de Figaro.)

GUIGNOL, revenant.

Eh ben! je veux vous montrer que Guignol eft un
bon enfant & qu'il a pas de rancune... V'là les amis qui
arrivent... Nous allons manger les cinquante francs..
Venez les manger avec nous, je vous invite.

POMMADIN.

Moi auffi, je fuis fans rancune; j'accepte.

SCÈNE VI.

LES MÊMES, GNAFRON, CADET.

GNAFRON.

Que deviens-tu donc, Chignol?... Je te cherche de
partout comme une épingle, depuis ce matin... J'avais

envie de te faire crier par le père Berlingard (1). (*Il imite un crieur public.*) On vous fait à favoir qu'on a perdu-z-hier au foir......

GUIGNOL.

Te me prends pour un roquet... Eh ben ! me v'là retrouvé... Paies-tu quéque chofe ?

CADET.

C'eft toi qui nous avais promis... Eft-ce que te n'as pas encore vendu tes picarlats ?

GUIGNOL.

Si ; mais j'ai fait un petit marché.

GNAFRON.

Faut donc ferrer la ceinture de ma culotte ?

GUIGNOL.

Gros licheur, va !

GNAFRON.

Moi !... je me contente de rien... Avec quatorze fous par jour, je folichonne comme un prince... Douze fous de vin, un fou de pain & un fou de tabac ; v'là mon gala.

---

(1) C'eft encore une inftitution en décadence que celle des crieurs publics. Celui dont Gnafron rappelle ici le nom avait, au commencement de ce fiècle, une certaine célébrité dans les rues de notre ville, par les facéties dont il affaifonnait fes publications.

GUIGNOL.

Eh ben, mon vieux, aujourd'hui, ribotte complète!... J'ai cinquante francs pour les amis... Je paye à dîner aux Charpennes, chez la mère Brigouſſe, à cinq francs par tête.

GNAFRON.

Cinq francs!... Ah! ma pauvre tête, te vas n'en voir une belle!

GUIGNOL

M'ſieu Pommadin eſt des nôtres... A table, il vous racontera une hiſtoire qui eſt inſtitulée : « A trompeur, trompeur & demi. »

CADET.

Partons!... Et en avant la romance, père Gnafron!

GNAFRON.

J'ai votre affaire...

Il entonne l'air : *Quand ſerons-nous ſages?* qu'ils continuent tous, & ils ſortent en chantant.

FIN DU MARCHAND DE PICARLATS.

LES VALETS A LA PORTE

PIÈCE EN UN ACTE

PERSONNAGES

L'INTENDANT.
GROS-PIERRE, *jardinier.*
GNAFRON, *concierge.*
GUIGNOL, *valet de pied.*
MONSEIGNEUR.

LES VALETS A LA PORTE

PIÈCE EN UN ACTE

Un Jardin ou un Parc.

SCÈNE PREMIÈRE.

L'INTENDANT seul.

JE viens de recevoir une lettre de Monseigneur. Le pauvre sire est allé à la Martinique pour y chercher fortune... Il aurait mieux fait de rester chez lui : il est complètement ruiné, & je crois que ses biens, le château même, ne tarderont pas à être vendus... Il s'agit de songer à mes propres affaires au milieu de cette débâcle. Je vais d'abord renvoyer tous les domestiques... car je trouve qu'ils s'occupent beaucoup trop de ce qui me concerne, & je ne veux pas tant d'espions autour de moi... Ils ne sont pas payés; mais ce sont des drôles... Gros-Pierre est un imbécile, Gnafron un ivrogne, Guignol un paresseux... Je vais les régler à ma manière, & de façon à ce qu'ils ne m'importunent plus... Voici justement Gros-Pierre, le jardinier... Commençons tout de suite.

SCÈNE II.

L'INTENDANT, GROS-PIERRE.

GROS-PIERRE (1).

Salu ben, Monsu l'intendant; je veno de commanda votrons alouétte pre notron jardin (2).

L'INTENDANT.

Mes alouettes pour le jardin ? Qu'est-ce que c'est que cela ?

GROS-PIERRE.

Votrons alouétte d'Amérique.

---

(1) Gros-Pierre parle le patois des paysans du Lyonnais.

(2) Je viens de commander vos alouettes pour notre jardin.

SCENE II.

L'INTENDANT.

Ah ! je comprends ; mes aloès... Mon garçon, c'est une course inutile ; nous n'avons plus besoin de rien pour le jardin.

GROS-PIERRE.

Et d'ont vint don (1), Monsu l'intendant ?

L'INTENDANT.

Mon pauvre Gros-Pierre, j'ai une bien mauvaise nouvelle à t'annoncer... Monseigneur vient de m'écrire, il est ruiné... Il ne reviendra plus dans le pays... & on va vendre le château.

GROS-PIERRE.

Oh ! men'arma ! iquin me fa péna (2), Monsu l'intendant.

L'INTENDANT.

Il faudra aller te placer ailleurs.

GROS-PIERRE.

Et notrons gagis ? qué don que lous payira (3) ?

---

(1) Et d'où vient donc cela ?
(2) Oh ! par mon âme, cela me chagrine.
(3) Et nos gages ? qui donc les payera ?

L'INTENDANT.

Tu ne perdras rien. Monseigneur m'a chargé de tous vous payer. Qu'est-ce qui t'est dû ?

GROS-PIERRE.

Monsu l'intendant, vos ou saï ben miu que mé... Vos aï ben mais de connaissance (1).

L'INTENDANT.

Combien devais-tu recevoir par an ?

GROS-PIERRE.

Vos n'in êtes pos ingnorant... Je me souais afroumi pre cent écus & vingt & cinq livre l'an (2).

L'INTENDANT.

Et depuis combien de temps es-tu au château ?

GROS-PIERRE.

Vos l'aï ben beto par écrit su votron livre, Monsu l'intendant. Vou sara très ans, Monsu l'intendant, à la Sant-Martin (3).

---

(1) Vous le savez bien mieux que moi... Vous avez bien plus de savoir.

(2) Vous ne l'ignorez pas... Je me suis engagé à trois cent vingt-cinq livres l'an.

(3) Vous l'avez bien mis par écrit sur votre livre... Il y aura trois ans à la Saint-Martin.

L'INTENDANT.

Hé bien! fais ton compte toi-même.

GROS-PIERRE.

Oh! vos ou faré ben miu fare que mé, Monfu l'intendant... Vos faï ben miu chiffro (1).

L'INTENDANT.

Dis-moi ce que cela fait à ton compte.

GROS-PIERRE.

Je creyo, Monfu l'intendant, qu'ou fara ben nou cent feptante cinq livre (2).

L'INTENDANT.

C'eft bien! je te donnerai neuf cent foixante-quinze francs.

GROS-PIERRE.

No, pos foixanta! Je volo nou cent feptante cinq livre (3).

L'INTENDANT.

C'eft la même chofe.

---

(1) Vous le faurez bien mieux faire que moi... Vous favez bien mieux calculer.

(2) Je crois que cela fera bien neuf cent feptante-cinq livres.

(3) Non; pas foixante. Je veux neuf cent feptante-cinq livres.

GROS-PIERRE.

La mêma choufa! à votron compto! ma je volo lo mino: nou cent feptante-cinq livre. (*A part.*) Vaï vos lo decevablo que me volove embouesi (1)!

L'INTENDANT.

Je te donnerai neuf cent feptante-cinq livres... Mais je dois te prévenir que Monfeigneur étant ruiné, il eft impoffible de te payer le tout en argent.

GROS-PIERRE.

Comin don que vos me payiri (2)?

L'INTENDANT.

En bois.

GROS-PIERRE.

Vos ne me bailliri gin de liords (3)?

L'INTENDANT.

Si bien; je te donnerai moitié en argent & moitié en bois.

---

(1) La même chofe! à votre compte! mais je veux le mien: neuf cent feptante-cinq livres... Voyez-vous le trompeur qui voulait me duper!

(2) Comment me payerez-vous donc?

(3) Vous ne me donnerez point d'argent?

GROS-PIERRE.

Et que n'in fari-jo don de votron bois? Onte don que je poré lo beto (1) ?

L'INTENDANT.

Oh! tu l'emporteras fur ton dos, tu as de bonnes épaules. Puis il ne fera pas bien difficile à garder; tu en tireras bon parti.

GROS-PIERRE.

Et qué bois don que vos me bailliri (2) ?

L'INTENDANT.

Il y en a de plufieurs efpèces. Il y a du pommier, de l'acacia...

GROS-PIERRE.

Gni a t'é do pruni (3) ?

L'INTENDANT.

Du prunier? Certainement. Eft-ce que tu le préfères?

GROS-PIERRE

Voua, Monfu l'intendant, je l'amo miu. Et lou liords, quante don que vos me lous bailliri (4) ?

---

(1) Et qu'en ferai-je de votre bois? Où pourrai-je le mettre?

(2) Et quel bois me donnerez-vous?

(3) Y a-t-il du prunier?

(4) Oui... je l'aime mieux. Et l'argent, quand me le donnerez-vous?

L'INTENDANT.

Plus tard; je te donnerai d'abord le bois, parce que je suis bien aise de m'en débarrasser.

GROS-PIERRE.

M'en bailliri vos una bouna chorgi (1)?

L'INTENDANT.

Je t'en donnerai généreusement. Je vais tout de suite t'en chercher un échantillon. C'est du prunier, n'est-ce pas, que tu veux?

GROS-PIERRE.

Voua, Monsu l'intendant.

L'INTENDANT sort, & revient avec un bâton dont il frappe Gros-Pierre.

Tiens, tiens, en voilà du prunier! Si tu n'en as pas assez, je reviendrai. (*Il sort.*)

GROS-PIERRE, seul.

Ah! la sala béti! O m'a ben bailla lo pruni & le prune. O m'a tout acramailla. Je vouai modo vé lo vétérinairo me fare beto un implatro (2). (*Il sort.*)

---

(1) M'en donnerez-vous une bonne charge?

(2) Oh! la sale bête! Il m'a bien donné le prunier & les prunes. Il m'a tout écrasé. Je vais aller chez le vétérinaire me faire mettre un emplâtre

SCÈNE III.

GNAFRON, seul.

N'y a plus de bonne foi dans le commerce. Aurait-on jamais vu autrefois un cabaretier venir s'établir dans un pays sans inviter tous les bons vivants à planter la crémaillère? Hé ben! le père Chibroc a vendu; son remplaçant ne m'a encore rien fait dire! Et quand je passe devant chez lui, il me regarde de travers. Ça m'empêche d'entrer... Animal! est-ce qu'il ne devrait pas être flatté d'avoir une pratique comme moi? Est-ce que je ne fais pas la réputation d'un établissement?... Mais on ne considère plus rien à présent que l'argent... & je n'en ai pas beaucoup... je n'en ai même pas du tout... & j'ai des dettes... Il faut que je réclame mes gages... car il n'y a plus moyen de boire à crédit... On ne m'a rien payé depuis que Monseigneur est parti; & ça doit faire une somme conséquente... Je vas aller trouver l'intendant... Il m'avait donné trois commissions; je les ai pas faites; mais, bah! je lui conterai quéques gandoises... c'est un filou... Le v'là! Quand on parle du loup...

SCÈNE IV.

GNAFRON, L'INTENDANT.

L'INTENDANT.

Ah! bonjour, Gnafron, je suis bien aise de te rencontrer. As-tu fait toutes mes commissions? Je t'avais dit de passer chez mon tailleur, mon chapelier & mon cordonnier.

GNAFRON.

Oui, M'sieu, j'ai t'été partout.

L'INTENDANT.

Hé bien! t'a-t-on donné ce que j'ai commandé?

GNAFRON.

Non, M'sieu; ils ont tous dit qu'y fallait que vous y allissiez vous-même... Ils ont besoin de vous reprendre mesure. Le tailleur dit que vous avez une épaule plus ambitieuse que l'autre, & qu'il ne sait plus combien y faut mettre de filasse sur la petiote... Le chapelier dit que votre tête est comme une poire blette, qu'il ne peut pas attraper votre point; que pour le dernier bugne (1) qu'il vous avait fait, il avait pris mesure sur le bouteroue du château; mais que depuis qu'on l'a cassé, il ne sait plus comment faire... Le cordonnier dit qu'il aimerait autant chausser un jardin potager que vos pieds; y a des oignons, des œils de perdrix... que sais-je, moi?

L'INTENDANT.

C'est bon... Je changerai de fournisseurs... En attendant, je t'engage à aller chercher une autre place.

GNAFRON.

Allons donc! j'ai t'été nommé concierge par Mon-

---

(1) *Bugne*; chapeau : expression qui appartient exclusivement au dialecte guignolesque.

seigneur, & y n'y a que lui qui a le droit de me destituer.

L'INTENDANT.

Il faut partir tout de même.

GNAFRON.

Vous croyez qu'y n'y a qu'à dire : Gnafron, fais ton baluchon & va-t-en chercher une autre condition... Et les gages des domestiques ! faut les pôner, pauvre vieux.

L'INTENDANT.

Monseigneur ne reviendra pas de la Martinique... il est ruiné.

GNAFRON.

Ça me regarde pas.

L'INTENDANT.

Comment! ça ne te regarde pas! Mais tu ne comprends rien... Tes gages, tu peux les perdre...

GNAFRON.

Vous m'en contez de belles ; je connaisse la loi. Les domestiques passent avant tout.

L'INTENDANT.

Ecoute... Mon intention est que vous soyez tous payés... mais il faut te montrer raisonnable...

GNAFRON.

Oh! j'ai ben envie que vous me payaffafſiez. J'ai plus le fou... Je crève de foif. C'eſt au point que j'en ai le corgnolon qu'a une irritance... que j'oſe plus paſſer devant le cabaretier, & que l'autre jour il me menaçait de faire faiſir mon linge.

L'INTENDANT.

Ton linge! Il aurait fait là une belle priſe... Je ne t'ai jamais vu que cinq chemiſes, dont trois mauvaiſes & deux déchirées, & encore, je crois que tu les as vendues à un chiffonnier pour en boire le prix au cabaret.

GNAFRON.

Et pardi! fallait ben que j'allaſſe boire du vin au cabaret, puiſque vous ne faites boire que de la piquette tournée aux domeſtiques, pendant que vous lichez le Bordeaux, vous!

L'INTENDANT.

C'eſt bon, c'eſt bon! il ne s'agit pas de ce que je bois. Puiſque tu veux le montant de tes gages, je vais te régler : combien t'eſt-il dû?

GNAFRON.

Il m'eſt dû trois ans à quatre cent quarante-cinq francs.

SCENE IV.

L'INTENDANT.

Eh bien! voyons; trois ans à 445 fr. (*Il écrit sur la bande.*) 445 par 3, 3 fois 5 font 15; je pose 5 & je retiens 1.

GNAFRON.

Qu'est-ce que vous retenez? Est-ce que vous avez quéque chose à retenir?... Est-ce que ce n'est pas tout à moi?

L'INTENDANT.

Fais ton compte toi-même, si tu n'as pas confiance en moi.

GNAFRON

Je vais le faire... Mais il me faut un crayon pour cette calculance.

L'INTENDANT.

En voilà un.

GNAFRON.

On peut pas calculer trois ans de mémoire comme ça... Y a longtemps que j'ai pas fait un si gros compte... Avec le cabaretier, je compte plus, parce que je le paie pas... Voyons, 445 francs pendant trois ans... Je pose 445... Ah! sapristi, je me souviens pas bien comment on fait les 4.

L'INTENDANT.

Pour te prouver que je ne suis pas aussi méchant que tu le dis, je vais te montrer comment on fait un 4. (*Il imite sur la barre la forme d'un 4 par trois traits.*) Un, deux & trois.

GNAFRON.

Comment! vous dites un, deux & trois; & ça fait un 4!

L'INTENDANT.

Oui.

GNAFRON.

Ça n'était pas comme ça qu'on les faisait de mon temps... Voyons. (*Il écrit sur la rampe.*) 3 ans ça fait 3 ans, 3 fois 3 font 9. Je pose 9; un 9, un 9 & un 9, ça fait trois 9. J'additionne le tout & je multiplie par 3 : 3 fois 9... Y a trop de 9.

L'INTENDANT.

Mais, mon pauvre Gnafron, je crois que tu te trompes. Sais-tu faire une multiplication?

GNAFRON.

Otez-vous de là... Laissez-moi faire... Je suis pas fort, mais je suis juste. J'ai t'été pendant quatorze ans à l'école... & j'y ai rien appris ; y a fallu me refaire mon éducance à moi seul. Les maîtres d'aujourd'hui n'apprennent rien aux enfants. Mon père a mangé un bon bien pour me faire éduquer.

L'INTENDANT.

Vous êtes donc d'une bonne famille, père Gnafron?

GNAFRON.

Pardi! mon père tenait un domaine de deux paires de bœufs... mais ils paſſaient par la chatière... Voyons! laiſſez-moi continuer mon arithmétoque : — Qui de 9 paye 9 ne peut; j'emprunte 1 qui vaut 10, 10 & 9 font 19... Qui de 19 paye 9 ne peut... j'emprunte 1... C'eſt aſſez commode d'emprunter... le mal, c'eſt que perſonne veut me prêter... Mais que je ſuis bête! Tous ces 9 m'appartiennent; il faut faire une addition... J'efface tous les zéros, parce que j'en veux pas... 99 & 99 font... Je ſais pas s'il faut retenir 15 ou bien 12...

L'INTENDANT, riant.

Tu vois bien que tu retiens quelque choſe.

GNAFRON.

Mais c'eſt moi qui retiens, ce n'eſt pas vous; j'en ai le droit, puiſque c'eſt mon compte.

L'INTENDANT.

As-tu bientôt fini? Voyons le total!

GNAFRON.

Le v'là : Unités, dizaines, centaines, mille, dizaines de mille, centaines de mille, millions, dizaine de millions, centaine de millions, billards. Je crois que je me bloufe.

L'INTENDANT.

Eh bien ?

GNAFRON.

Ça fait dix-huit cent billards, neuf cent foixante-neuf millions, quatre cent foixante-quinze mille deux cent nonante-un francs, neuf cent quatre-vingt-dix-neuf fous. V'là mon compte.

L'INTENDANT.

Pefte ! je ne croyais pas qu'il te fût dû une auffi groffe fomme... Il ne fera pas poffible de te payer tout en efpèces... Je te donnerai la moitié en argent, & la moitié en marchandifes.

GNAFRON.

En quelles marchandifes ?

L'INTENDANT.

En bois.

GNAFRON.

J'aimerais mieux en vin.

L'INTENDANT.

C'est impossible. Toutes les caves de Monseigneur sont scellées.

GNAFRON.

Sellées!... Qué que ça veut dire?

L'INTENDANT.

On a mis les sceaux sur le vin.

GNAFRON.

Eh bien! nous mettrons le vin dans les seaux, & nous l'emporterons.

L'INTENDANT.

Tu as la tête bien dure. La justice a mis les scellés sur le vin. Il est défendu d'y toucher.

GNAFRON.

De quoi se mêle-t-elle, la justice?... Est-ce qu'on doit empêcher les honnêtes gens de boire? Y ne devrait pas être permis de saisir le vin.

L'INTENDANT.

Enfin, que tu le veuilles ou que tu ne le veuilles pas, c'est ainsi... Je ne puis te donner que du bois.

GNAFRON.

Et quel bois allez-vous me donner?

L'INTENDANT.

Oh! il y en a de plusieurs espèces. Tu peux choisir... Il y a du chêne, du châtaignier...

GNAFRON.

Le châtaignier, ça n'est bon qu'à faire des cannes.

L'INTENDANT.

Il y a de la racine de buis.

GNAFRON.

On peut en faire des tabatières... Mais j'aime mieux autre chose.

L'INTENDANT.

Il y a du bouleau.

GNAFRON.

C'est fameux pour faire des semelles de galoches... Mais n'y en a-t-il point d'autre?

L'INTENDANT.

Tiens! voici ce qu'il te faut... Il y a du gaïac; c'est un bois précieux, excellent pour le placage.

GNAFRON.

Du gaïac?

L'INTENDANT.

Oui, un bois très-cher, qui se plaque... C'est charmant quand on l'applique.

GNAFRON.

Et m'en donnerez-vous beaucoup?

L'INTENDANT.

Tu me diras toi-même quand tu en auras assez.

GNAFRON.

Eh bien! donnez.

L'INTENDANT.

Tout de suite. Attends-moi une seconde. (*Il sort, revient avec un bâton & frappe Gnafron.*) Tiens, en as-tu assez?

GNAFRON.

Assez! assez! (*L'Intendant sort.*) Ah! vieille canaille! vieux gueusard! V'là comme te l'appliques, ton gaïac! Je me sens plus le cotivet... J'y vois tout trouble... Ça me fait le même effet qu'après une forte ribote, & ça a été plus dur à avaler... Ah! gredin! si je peux à mon tour te faire un placage!... J'ai besoin de souffler un peu pour digérer ça. (*Il se couche sur la bande.*)

SCÈNE V.

GUIGNOL, GNAFRON, puis GROS-PIERRE.

GUIGNOL, s'approchant de Gnafron.

Eh! nom d'un rat! père Gnafron, y fent le roufli par ici!

GNAFRON.

Te peux ben dire le brûlé. Ça vient de chauffer dur.

GUIGNOL.

Oui, oui, j'ai entendu peter quéques coups de tavelle fur ton melon. (*A Gros-Pierre, qui entre & qui fe tient la tête.*) Et toi, qu'as-tu donc?

GROS-PIERRE.

J'ai do pruni (1).

GUIGNOL.

T'as mangé de prunes?

GROS-PIERRE.

Le prune, je ne le z'ai pos din la fontana, ma ben fus la têta (2).

(1) J'ai du prunier.
(2) Les prunes, je ne les ai pas dans l'eftomac, mais bien fur la tête.

GNAFRON.

Moi, j'ai eu les noyaux.

GUIGNOL.

Mais qu'avez-vous donc fait, z'enfants, à l'intendant pour qu'il vous ait chatouillé comme ça?

GNAFRON.

Il vient de me payer mes gages.

GROS-PIERRE.

Et à mé itou (1).

GUIGNOL.

Et moi qui allais lui demander les miens!... Gnafron, va toucher pour moi.

GNAFRON.

J'ai assez de mon compte... Mais te ne sais pas comment il s'y est pris... Il m'a dit que Monseigneur est ruiné, qu'il a tout mangé à la Marchinique, que les domestiques allaient tout perdre. Il m'a offert de me payer en bois, & il m'a réglé en bois de gaïac.

GROS-PIERRE.

Et mé en pruni (2).

(1) Et à moi aussi.
(2) Et moi en prunier.

GUIGNOL.

Oh! moi, je suis pas une panoſſe... Je veux pas être réglé avec cette monnaie.

GNAFRON.

Te ſeras bien fin, ſi te peux lui en tirer une autre.

GUIGNOL.

Ecoutez, enfants... j'ai une idée... Y faut le prendre, le vieux renard, dans ſon trou... Allez me chercher chacun une tavelle... & je vous dirai ce qu'y faut faire.

GNAFRON ſort, revient avec un baton & en donne un coup ſur la bande.

Voilà.

GROS-PIERRE, de même.

Veiquia.

GUIGNOL.

Bien !... Maintenant, cachez-vous ; l'intendant va venir ; il me contera ſes hiſtoires, comme à vous... Je ferai ſemblant d'y donner dedans... Quand je crierai : « Il eſt temps ! il eſt temps ! » arrivez vite, & j'ai pas beſoin de vous dire de cogner dur.

GNAFRON.

Ça z'y eſt. Et je te promets que je lui rendrai ſa cognaſſe de tout à l'heure.

SCENE V.

GROS-PIERRE.

Eh men'arma voua! je vouai lo coflo com'in bou [1].

GUIGNOL.

Allons, enfants, c'est convenu. Cachez-vous par là; & quand je crierai : « Il est temps! » en avant la dégelée.

Gnafron & Gros-Pierre vont se cacher.

GUIGNOL, seul.

Ah! vieux scélérat, te veux payer tous les domestiques du château à coups de rotin, mais te n'as pas affaire à une bugne à présent... Te vas exécuter une petite danse qui te dégoûtera du métier.

L'intendant paraît sur un des côtés du théâtre & se retire presque aussitôt.

GUIGNOL, en le voyant.

Attention! il est temps! il est temps!

Gnafron & Gros-Pierre arrivent & frappent sur Guignol.

Ah! sapristi! il n'est pas temps! il n'est pas temps! Nom d'un rat! c'est pas lui, c'est moi! faites donc attention.

GNAFRON.

T'as vu comme j'ai causé?

---

[1] Par mon âme, je vais taper de façon à le faire gonfler gros comme un bœuf.

GUIGNOL.

Oui, t'as caufé avec moi.

GNAFRON.

Et pourquoi donc as-tu crié, fi c'était pas lui ?

GUIGNOL.

Je criais parce qu'il venait, mais il s'eft méfié de quelque chofe, & il n'eft pas entré, le gone !

GROS-PIERRE.

Nos ans ben bian chapoto ¹ ?

GUIGNOL.

Oui, oui ; me voilà propre à préfent. Vous m'avez joliment arrangé le melon.

GNAFRON.

Ça n'eft rien ; fais pas attention ; nous le payerons pour trois à la prochaine occafion.

GUIGNOL.

Tout de même, z'enfants, je vous pardonne en faveur de l'intention. Si vous le cognez comme ça, je ferai content. Allons, je crois qu'il revient... cachez-vous, & cette fois ne venez pas trop tôt.

(1) Nous avons bien tapé, n'eft-ce pas ?

GNAFRON.

Et toi, ne fais plus de mauvaise plaisanterie; ne nous dérange pas pour rien.

SCÈNE VI.

GUIGNOL, L'INTENDANT, puis GNAFRON & GROS-PIERRE

L'INTENDANT.

Ah! te voilà, Guignol; je te cherchais; as-tu porté mes lettres à la poste?

GUIGNOL.

Oui, M'sieu... Mais moi aussi je vous cherchais. Y a trois ans que j'ai pas reçu de gages. J'ai plus un picaillon, & y a bien longtemps que nous nous sommes pas arrosé le corgnolon avec le père Gnafron.

L'INTENDANT.

Gnafron & toi, vous êtes des ivrognes. Si on ne vous a pas payés jusqu'à présent, cela tient à la situation gênée de Monseigneur; ce n'est pas de ma faute. Et tu n'as maintenant qu'à me dire combien il t'est dû.

GUIGNOL.

Mon compte? Y a bien longtemps que je l'ai fait. J'en ai ben eu le temps. Il m'est dû seize cents francs.

L'INTENDANT.

C'est bien, je te donnerai seize cents francs. Mais comme Monseigneur est ruiné, si tu ne veux rien perdre, il faut que tu prennes la moitié de cette somme en bois.

GUIGNOL.

(*A part.*) Nous y v'là. (*Haut.*) Ça m'est égal, pourvu que je soye payé. Mais quel bois allez-vous me donner?

L'INTENDANT.

J'en ai déjà pas mal débité... Il y a encore du noyer, du sapin, du cognassier.

GUIGNOL.

Le sapin, ça me va.

L'INTENDANT.

Ça me va aussi... J'ai ton affaire, je vais t'en chercher. (*Il sort, rentre avec un bâton, & frappe Guignol.*) Tiens, en voilà du sapin, tiens, tiens! (*Il s'esquive aussitôt.*)

GUIGNOL, criant, pendant que l'intendant le frappe.

Il est temps! il est temps! il est temps!

Gnafron & Gros-Pierre entrent dès que l'intendant est sorti & frappent Guignol.

GUIGNOL.

Il n'est plus temps! il n'est plus temps! Diantre! vous voyez donc pas que c'est moi? Arrêtez donc!

GNAFRON.

C'eſt donc encore toi, mon pauvre Chignol? Mais pourquoi as-tu crié, ſi c'était pas lui?

GUIGNOL.

Eh pardi! c'était ben lui tout à l'heure. Il m'a ben fait auſſi mon compte... mais vous êtes venus trop tard... Il avait filé... Oh! je ſuis bien partagé, moi... j'ai eu trois diſtributions.

GNAFRON.

Que veux-tu? t'avais des gages plus forts que les nôtres; te devais ben recevoir davantage... Mais eſt-ce que nous allons reſter comme ça avec ces coups de trique ſur le caſaquin, ſans nous revenger... C'eſt pas poſſible... Et ces tavelles, pourquoi donc qu'elles ſont faire?

GUIGNOL.

Oui, vous vous en êtes ſi bien ſervis juſqu'à préſent... Ecoute; y faut refaire un autre plan... J'ai là quelques ſous. Allons boire une bouteille; ça nous donnera de l'idée.

Au moment où ils vont pour ſortir par le fond, ils ſe trouvent face à face avec Monſeigneur.

SCÈNE VII.

GUIGNOL, GNAFRON, GROS-PIERRE, MONSEIGNEUR.

TOUS, étonnés.

Oh! Monseigneur!... Vive Monseigneur!... vive Monseigneur!

MONSEIGNEUR.

Chut! chut! mes enfants. Mais qu'avez-vous donc tous? vous paraissez fort étonnés de mon arrivée.

GNAFRON.

Ah! Monseigneur, avant votre arrivée, y avait eu bien des sorties.

MONSEIGNEUR.

Que veux-tu dire?

GNAFRON.

Mais d'abord on nous a mis à la porte... Et puis tous vos bois s'en vont.

MONSEIGNEUR.

Je ne vous comprends pas; expliquez-vous.

GNAFRON, à Guignol & Gros-Pierre.

C'est moi qui manie le mieux la parole, laissez-moi

faire l'harangue. Et vous, faluez toutes les fois que je dirai, Monfeigneur... Monfeigneur!

Il falue ainfi que Guignol & Gros-Pierre.

GROS-PIERRE.

Monfeigneu!

GNAFRON à Gros-Pierre.

Eſt-ce que te vas parler, toi auſſi?... Te veux donc qu'on te rie au nez? (*A Monfeigneur.*) Monfeigneur!... lorſque vous partâtes...

GUIGNOL, le reprenant.

Partiſtes!

GNAFRON.

Laiſſe-moi donc; je dis : Partâtes... C'eſt à la quatrième perſonne.

GUIGNOL.

A la quatrième perſonne, pourquoi ça?

GNAFRON.

Ne ſommes-nous pas quatre, grand bête?... Si vous me coupez toujours, je pourrai rien dire... Parle toi-même... ça ſera joli!

GUIGNOL.

Allons, parle donc.

GNAFRON.

Monseigneur.... lorsque vous partâtes, vous laiſ-ſites....

GUIGNOL.

Laiſſâtes !

GNAFRON.

Vous laiſſiſſâtes à M'ſieu l'intendant votre bazar... Et pendant que vous habitaſſiez la Marchinique, nous mour-riſſions ici de faim & de ſoif... Ce matin, ſous prétexte de nous payaſſaſſer nos gages, il nous a fait venir, il nous a dit que vous aviez fricaſſaſſé votre bien, le châ-teau & tout le bataclan... qu'on allait tout ſaiſir... & que ſi nous ne vouliſſions rien perdre, y fallait accep-taſſer nos gages moitié en argent & moitié en bois. Nous attendons encore les pécuniaux... mais il nous a donné le bois... ſur les reins.

MONSEIGNEUR.

Si j'ai compris quelque choſe à ce que tu m'as dit, Monſieur l'intendant a tenu de mauvais propos ſur mon compte ; il ne vous a pas payés & il vous a frappés.

GNAFRON.

Il nous a payé une ribote de manche à balai.

GROS-PIERRE.

Ménarma voua, Monseigneu! ov'è mé qu'ai croquo lo pruni (1).

GNAFRON.

Moi, j'ai tâté du gaïac.

GUIGNOL.

Et moi du sapin.

MONSEIGNEUR.

Mes enfants, je vous rendrai justice. Vous restez à mon service, & Monsieur l'intendant aura ce qu'il mérite... Faites-le venir, adressez-lui vos réclamations. Moi, je me place dans ce coin, & je me montrerai quand il le faudra.

GUIGNOL.

Oui, Monseigneur, nous allons l'appeler.

LES TROIS DOMESTIQUES, *du côté du château*.

M'sieu l'intendant! M'sieu l'intendant!

SCÈNE VIII.

GUIGNOL, GNAFRON, GROS-PIERRE, L'INTENDANT, MONSEIGNEUR, *caché derrière les domestiques*.

L'INTENDANT.

Fainéants! que faites-vous encore ici? Et pourquoi tout ce tapage?

---

(1) Oui, par mon âme, Monseigneur! c'est moi qui ai croqué le prunier.

GNAFRON.

Nous venons pour régler nos comptes... Vous nous avez ben donné le bois, mais nous voulons l'argent.

L'INTENDANT.

Comment, drôles ! vous n'êtes pas contents !... Vous avez reçu tout ce qui vous revient, & si Monseigneur eût été ici...

GNAFRON.

Monseigneur nous aurait pas traités comme ça ; c'est un bon maître.

L'INTENDANT.

Monseigneur est un libertin qui a dévoré tout son bien dans la débauche.

GNAFRON.

Et vous, vous êtes une canaille.

L'INTENDANT.

Quelle audace ! me parler de la sorte ! Vous allez sortir d'ici sur l'heure. Je suis le seul maître au château.

GUIGNOL.

Le seul maître ? Tu n'y penses pas, pauvre vieux.

L'INTENDANT.

Oui, le seul maître, & j'entends...

GUIGNOL.

Et celui-là, c'est donc une truffe ?

Les domestiques s'écartent & laissent voir Monseigneur.

L'INTENDANT, troublé.

Monseigneur !... Monseigneur a fait un heureux voyage ?

MONSEIGNEUR.

Trêve de compliments, Monsieur. Je connais l'indigne conduite que vous avez tenue pendant mon absence. Depuis longtemps je soupçonnais votre friponnerie. C'est pour vous éprouver que je vous ai écrit, il y a huit jours, que j'étais ruiné. Non content de me voler, vous voulez frustrer ces fidèles serviteurs des gages qui leur sont dus... Je sais de quelle façon vous les avez traités. Mais vous n'arriverez pas à vos fins. (*Se tournant vers les domestiques.*) Voyons, combien est-il dû à chacun ?

GROS-PIERRE.

A mé, nou cent septante-cinq livre.

GUIGNOL.

A moi, seize cents francs.

GNAFRON.

Et à moi, dix-huit cent billards, dix-neuf cent soixante-neuf millions...

MONSEIGNEUR, riant.

Peste !... Mais, Gnafron, tous mes biens ne suffiront pas à te payer.

GNAFRON.

Oh ! Monseigneur, je me contenterai d'un petit coin de vigne.

MONSEIGNEUR.

Je crois que tu t'es un peu trompé dans ton compte.

GNAFRON.

Que Monseigneur le règle, comme il l'entendra.

MONSEIGNEUR.

C'est bien !... Monsieur l'intendant regrette, j'en suis certain, ce qui s'est passé ce matin.

L'INTENDANT.

C'était une pure plaisanterie, Monseigneur.

GUIGNOL.

Comment donc qu'il chapote quand c'est pour de bon ?

MONSEIGNEUR.

Pour vous payer de vos gages qu'il m'a portés en compte & vous indemniser de sa mauvaise plaisanterie, il veut vous donner dix mille francs, & j'en ajoute deux mille pour les intérêts. Maintenant, vous le tenez, faites-vous payer; &, s'il ne s'acquitte pas de bonne grâce, plaifantez avec lui comme il a plaifanté avec vous. (*Il fort.*)

LES DOMESTIQUES.

Vive Monfeigneur !

SCÈNE IX.

LES MÊMES, EXCEPTÉ MONSEIGNEUR.

GNAFRON, à l'intendant.

Ah! ça, vieux! maintenant, te vas nous lâcher les douze mille francs, à quoi Monfeigneur te condamne... ou nous te brûlons la cervelle... Choifis le bois que te veux pour ça.

L'INTENDANT.

Mes amis, mes bons amis, ayez pitié d'un pauvre père de famille qui a quatre enfants... orphelins. Vous ne perdrez rien de vos gages, allez!... mais, pour vous donner douze mille francs, où les prendrais-je ?

GUIGNOL.

Vous me parlez comme à un goujon. Croyez-vous que nous ayions digéré votre fapin... Y faut lâcher la monnaie.

L'INTENDANT.

Malheureux! vous voulez donc me réduire à la mendicité?

GUIGNOL.

Décidément, il ne veut pas entendre raison... Allez chercher vos piſtolets, vous autres !

GNAFRON.

C'eſt ça... Guignol, garde-moi ce gone à vue.

Gnafron & Gros-Pierre ſortent.

L'INTENDANT.

Monſieur Guignol, laiſſez-moi ſortir, je vous en prie ; je vous donne deux mille francs.

GUIGNOL.

Non pas, non pas; il faut cracher la ſomme toute ronde.

Gnafron & Gros-Pierre rentrent avec un bâton.

GNAFRON.

Guignol, va chercher tes munitions; nous le gardons. (*Guignol ſort.*)

L'INTENDANT.

Mon bon Gnafron, vous n'aurez pas le cœur de frapper mes cheveux blancs.

SCENE IX.

GNAFRON.

T'as p't-être respecté ma perruque, toi?

L'INTENDANT.

Je vous donne trois mille francs; laissez-moi partir.

GNAFRON.

Ne buge pas, ne buge pas!

GUIGNOL, rentrant.

Il n'a pas choisi son bois?

GNAFRON.

Il les veut tous; il ne fait pas de jaloux.

GUIGNOL, à l'intendant.

Donnes-tu d'argent?

L'INTENDANT.

Je n'en ai pas, mes bons amis.

GUIGNOL.

Apprêtez vos armes! En joue! Feu!

Ils frappent tous trois sur l'intendant.

L'INTENDANT.

Arrêtez! arrêtez! je consens à tout ce que vous voudrez.

GNAFRON.

Si il n'eſt pas content de la marchandiſe, il eſt difficile.

GUIGNOL, à l'intendant.

Ah! te deviens donc plus raiſonnable!

L'INTENDANT.

J'ai un peu d'argent ſur moi. Tenez, voilà vos douze mille francs. (*Il donne l'argent à Guignol & s'enfuit.*)

GUIGNOL.

Voyez-vous le gueuſard, il avait déjà rempli ſes poches pour filer... Monſeigneur eſt arrivé à temps. (*A la cantonnade.*) Bonſoir, vieux ſcélérat! à ne plus te revoir!.. Maintenant, c'eſt fête aujourd'hui au château!... Toi, Gros-Pierre, te vas aller couper un beau bouquet pour l'offrir à Monſeigneur.

GNAFRON.

Et moi, je lui ferai le compliment... J'y mettrai toutes les fleurs de mon éducation.

Ils ſortent en chantant & en danſant.

FIN DES VALETS A LA PORTE.

LE DÉMÉNAGEMENT

FANTAISIE EN UN ACTE

PERSONNAGES

GUIGNOL.
MADELON, *sa femme.*
M. CANEZOU, *propriétaire.*
GNAFRON, *ami de Guignol.*
LE BAILLI.
LE BRIGADIER.
UN GENDARME

LE DÉMÉNAGEMENT

FANTAISIE EN UN ACTE

Une Place publique à Lyon.

SCÈNE PREMIÈRE.

GUIGNOL, feul.

AH! Guignol, Guignol, le guignon te porfuit d'une manière bien rebarbarative. J'ai beau me virer d'un flanc & de l'autre ⁽¹⁾, tout va de traviole chez moi... J'ai ben changé quarante fois d'état; je peux riuffir à rien... J'ai commencé par être canut

(1) Me tourner d'un côté & de l'autre.

comme mon père... Comme il me difait fouvent dans fa chanfon :

« Le plus cannant des métiers,
« C'eſt l'état de taffe, taffe,
« Le plus cannant des métiers,
« C'eſt l'état de taffetatier. »

Je boulottais tout petitement fur ma banquette... Mais v'là qu'un jour que j'allais au magafin... je demeurais en ce temps-là aux Pierres-Plantées... je defcendais la Grand'-Côte avec mes galoches, fur ces grandes cadettes qu'ils appellent des trétoirs... v'là qu'en arrivant vers la rue Neyret, je mets le pied fur quèque chofe de gras qu'un marpropre avait oublié fur le trétoir... Je gliſſe... patatrouf... les quatre fers en l'air... & ma pièce dans le ruiſſiau... Quand je me relève, ils étaient là un tas de grands gognands qui ricanaient autour de moi... Y en avait un qui baliait la place avec fon chapeau... un qui me difait : M'fieu, vous avez caſſé le verre de votre montre ? l'autre répondait : Laiſſe donc, tę vois ben qu'il veut aller ce foir au thiâtre, il prend un billet de parterre... Je me fuis retenu de ne pas leur cogner le melon... Enfin, je me ramaſſe ; je ramaſſe ma pièce dans le ruiſſiau, une pièce d'une couleur tendre, gorge de pigeon... ça lui avait changé la nuance... Je la porte au magafin, ils n'ont pas voulu la prendre... Y avait le premier commis, un petit faraud qui fait fes embarras... avec un morceau de vitre dans l'œil... qui me dit : Une pièce tachée ! j'aime mieux des trous à une pièce que des taches ! — Ah ben ! que j'ai dit, je veux bien... — J'ai pris des grandes ciseaux, j'ai coupé les taches tout autour... C'est égal, il a pas voulu la garder... Puis il m'a dit : — Vous vous moquez de moi, Moffieu Guignol, ne revenez plus demander d'ouvrage à la maison... & dépêchez-vous de vous en aller, mon cher, car vous ne sentez pas bon... — J'aurais bien voulu le voir, lui, s'il était tombé dedans, s'il aurait senti l'eau de Colonne... Je suis rentré à la maison ; j'étais tout sale ; Madelon m'a agonisé de sottises : — Te v'là ! t'es toujours le même ! t'es allé boire avec tes pillandres, te t'es battu !... — Elle m'a appelé sac à vin, pilier de cabaret, ivrogne du Pipelu [1]... Elle m'a tout dit ; enfin... on n'en dit pas plus à la vogue de Bron [2]... La moutarde m'a monté au nez ; je lui ai donné une giffle, elle m'a sauté aux yeux ; nous nous sommes battus, nous avons cassé tout le ménage.

C'te histoire-là m'a dégoûté de l'état... Je me suis dit : Je vergète là depuis cinq ans sans rien gagner... y faut faire un peu de commerce... Je me suis mis revendeur de gages [3] dans la rue Trois-Massacres [4]... Mais j'ai

[1] L'ancien quartier du Puits-Pelu répond au point où est aujourd'hui la rue du Palais-Grillet. Le dicton fort ancien que répète Guignol, prouve que ses habitants n'avaient pas renom de sobriété.

[2] La vogue de Bron, village du Dauphiné, qui a été récemment réuni au département du Rhône, était fort connue à Lyon par un usage bizarre qui rappelle les Saturnales. On pouvait s'y injurier librement sans qu'il fût permis d'exercer d'autres représailles que celles de plus fortes injures. Cet usage, dont l'origine ne nous est pas connue, n'a cessé que dans les premières années de ce siècle.

[3] Marchand de vieux meubles.

[4] C'est ainsi que Guignol & beaucoup de Lyonnais de son quartier prononcent le nom de la rue Tramassac.

mal débuté... J'ai acheté le mobilier d'un canut qui avait déménagé à la lune... Le propriétaire avait un bau de loyer... il a fuivi fon mobilier... Le commiffaire eft venu chez moi... il m'a flanqué à la cave... J'ai paffé une nuit avec Gafpard (1).

Mon vieux, que je me fuis dit après ça, faut changer de plan... T'as entrepris quéque chofe de trop conféquent... t'as voulu cracher plus haut que ta cafquette... Y faut faire le commerce plus en petit... Y avait un de mes amis qui avait une partie d'éventails à vendre... je l'ai achetée... & je les criais fur le pont... Mais j'avais mal choifi mon m'ment... c'était à la Noël... j'avais beau crier : Jolis éventails à trois fous! le plus beau cadeau qu'on peut faire à un enfant pour le jour de l'an!... Perfonne en achetait, & encore on me riait au nez.

Après ça, je me fuis fait marchand de melons... Pour le coup, c'était bien au bon m'ment... c'était au mois de Jeuillet... Mais quand le guignon n'en veut à un homme, il le lâche pas... C'était l'année du choléra... & les médecins défendaient le melon... J'ai été obligé

---

(1) Les falles baffes, dites *les caves*, de l'Hôtel-de-Ville de Lyon, ont longtemps fervi de prifon municipale. Elles étaient fréquentées par de nombreux rats qui s'engraiffaient des reliefs des prifonniers ; & l'un d'eux, qui s'était fait remarquer par fes traits de gentilleffe, avait reçu des habitués le nom de Gafpard qu'il a tranfmis à fa poftérité. Or, les caves de Lyon n'ont pas enfermé feulement des vauriens & des vagabonds. Plus d'un honnête bourgeois, plus d'un homme des meilleures familles de notre ville y a paffé, pendant la Révolution, de longues nuits triftement égayées par Gafpard. De là la célébrité de ce perfonnage dans toutes les claffes de la cité lyonnaife.

de manger mon fonds... toute ma marchandise y a passé... Hé ben! ça n'a pas arrangé mes affaires... au contraire, ça les a tout à fait dérangées... J'ai déposé mon bilan... ça a fait du bruit... la justice est venue sur les lieux avec les papiers nécessaires... & elle a dit: V'là une affaire qui ne sent pas bonne... C'est égal, les créanciers ont eu bon nez, ils n'ont point réclamé de dividende.

J'ai pas eu plus de chance dans mes autres entreprises (1)...

Y a bien un quéqu'un qui m'avait conseillé de me faire avocat... parce qu'il disait que j'avais une jolie organe... Mais y en a d'autres qui m'ont dit que, pour cette chose-là, je trouverais trop de concurrence.

Ah! j'ai eu, par exemple, un joli m'ment... je m'étais fait médecin margnétiseur, & ma femme Madelon sonnambule... C'était un de mes amis qui avait travaillé chez un physicien qui m'avait donné des leçons... Madelon guérissait toutes les maladies... On n'avait qu'à lui apporter quéque chose de la personne... sa veste, ses cheveux, quoi que ce soit, enfin... Elle disait sa maladie & ce qu'y fallait lui faire... Les écus roulaient chez nous comme les pierres au Gourguillon... & tous les jours y avait cinq ou six fiacres à notre porte... C'est que Madelon était d'une force!... Et pour le déplacement des *essences!*... c'était le même ami qui m'avait appris ça... Elle y voyait par le bout du doigt, elle y voyait par l'es-

---

(1) Il va de soi que ce récit se prolonge & se varie *a gusto*.

tomac, de partout, enfin... Elle lisait le journal, rien qu'en s'assiyant dessus... Eh ben! nous avons fini par avoir un accident... Y avait une jeunesse qui était malade de la poitrine; Madelon l'a conseillée de s'ouvrir une carpe sur l'estomac & de s'asseoir sur un poêle bien chaud, jusqu'à ce que la carpe soye cuite... Elle a prétendu que ça lui avait fait mal... ça nous a ôté la confiance... Les fiacres sont plus venus, les écus non plus... Nous avions fait bombance pendant le bon temps, acheté un beau mobilier... y fallait payer ça... Tout a été fricassé.

Du depuis, je n'ai fait que vicoter... je suis revenu à ma canuserie... mais l'ouvrage ne va pas... Le propriétaire m'est sur les reins pour son loyer... je lui dois neuf termes... Il est venu hier... il va revenir aujourd'hui... Je sais plus où donner de la tête.

SCÈNE II.

GUIGNOL, MADELON.

MADELON.

Te v'là encore à flâner au lieu d'être sur ton métier, pillandre.

GUIGNOL.

Ah! Madelon, j'ai assez de cassement de tête comme ça... laisse-moi la paix... Le propriétaire va venir... j'ai pas d'argent à lui donner.

MADELON.

T'en as bien de l'argent pour aller au cabaret. D'où viens-tu à présent?

GUIGNOL.

Je viens de la Bourse... Le Crédit mobilier a de la hausse.

MADELON.

Oui, ils sont jolis notre crédit & notre mobilier. Te ne te corrigeras donc jamais; te ne seras jamais à ton ouvrage... toujours à boire avec des pillandres comme toi... Ta pièce n'est seulement pas à moitié...

GUIGNOL.

Madelon, si t'as envie de te disputer & de refaire connaissance avec le manche à balai, battons-nous tout de suite, parce que j'ai pas le temps.

MADELON.

T'es ben trop lâche!

GUIGNOL.

Je t'ai dit que le propriétaire va venir. As-tu d'argent à lui donner?

MADELON.

Où veux-tu que je le prenne, gueusard? Te me manges la chair & les os.

GUIGNOL.

Es-tu décidée à lui laisser emporter ton bazar, au propriétaire?

MADELON.

Tu veux donc que nous restions sur la paille?

GUIGNOL.

Eh ben! va faire ton paquet. Quand les pâles rayons de la lune projeteront leur éclat argenté,... plus argenté que mon gousset... sur les châssis de la Grand'-Côte, y faudra changer de quartier en catimini.

MADELON.

Ah! scélérat, v'là à quoi te me réduis!

GUIGNOL.

Garde ta langue pour une meilleure occasion, & va vite.

MADELON.

Oui, j'y vas... scélérat, pendard, coquin, brigand... (*Elle sort.*)

GUIGNOL.

Ah! si j'avais le temps, Madelon, comme je te règlerais! (*Il sort aussi.*)

SCÈNE III.

M. CANEZOU, puis GUIGNOL.

CANEZOU, seul.

Qu'on est malheureux d'être propriétaire aujourd'hui ! J'ai été obligé de faire à mes maisons des réparations considérables. On a tellement abaissé le sol de la rue, qu'il m'a fallu y ajouter trois étages... par dessous... Avec cela, personne ne paie... La Saint-Jean est passée, la Noël est venue, & point d'argent... Il faudra que je fasse un exemple & que je fasse vendre le mobilier d'un de ces récalcitrants. J'ai surtout ce Guignol qui me doit neuf termes & qui ne répond à mes réclamations que par des balivernes... Il faut que je l'intimide, que j'obtienne de lui un à-compte, ou que je l'expulse... Allons, finissons-en... Mais mes rhumatismes ne me permettent guères de monter jusqu'à son neuvième étage, & je n'ai pas envie d'entrer chez lui ; je ne sais pas comment il me recevrait... je m'en vais l'appeler... Monsieur Guignol ! Monsieur Guignol ! Monsieur Guignol !

GUIGNOL, de l'intérieur.

Je n'y suis pas.

CANEZOU.

Comment ! vous n'y êtes pas, & vous me répondez !

GUIGNOL, de même.

Je peux pas sortir; je mets une pièce à mon pantalon qui est déchiré au coude.

CANEZOU.

J'ai à vous parler : voulez-vous descendre ?

GUIGNOL, à la fenêtre.

Si je veux des cendres ?... j'en ai pas besoin, j'en ai mon plein poêle.

CANEZOU.

Le drôle ne viendra pas, tant qu'il saura qu'il a affaire à moi. Il faut que je déguise ma voix, & que je lui fasse croire que le facteur lui apporte une lettre.

Il frappe neuf coups avec roulement, comme frappaient jadis les facteurs de la poste, & se cache.

GUIGNOL, de l'intérieur.

Qué que c'est ?

CANEZOU, contrefaisant sa voix.

C'est le facteur... Je vous apporte une lettre, une lettre chargée; il y a de l'argent dedans.

GUIGNOL.

De l'argent ! Je dégringole ! (*On l'entend descendre les neuf étages. — Arrivant :*) Ah ! nom d'un rat ! le propriétaire!... je suis pincé!... (*A Canezou.*) On n'a pas besoin de vous, mon brave homme! on a ramoné les cheminées il y a huit jours.

CANEZOU.

Sapristi, je ne suis pas le ramoneur, je suis votre propriétaire, & je viens...

GUIGNOL.

Ah! c'est vous, M'sieu Canezou, je vous remettais pas, je vous demande pardon. Comment ça va-t-y?

CANEZOU.

Ça ne va pas mal! Je viens savoir, Monsieur Guignol...

GUIGNOL.

Ah! y a fait un bien grand vent l'autre jour. Je me suis laissé dire qu'y avait un homme que le vent lui avait emporté son chapeau, ses bas, & tous les boutons de son pantalon; ça le gênait pour marcher. Ça serait pas vous, par hasard?

CANEZOU.

Il est vrai que le vent a été très-fort... mais il ne s'agit pas de cela... Je viens savoir quand nous en finirons pour notre compte.

GUIGNOL.

Notre compte!.. Oh! si vous me devez quéque petite chose, ne vous gênez pas; je suis pas pressé.

CANEZOU.

Mais je le suis, moi!.. C'est de mon loyer que je veux parler.

GUIGNOL.

Vous voulez payer votre loyer?... Ah! vous avez bien raison... faut jamais rien devoir.

CANEZOU.

Monsieur Guignol, ces plaisanteries-là ne sont pas de bon goût!... Vous me devez neuf termes. (*Il s'avance vers lui.*)

GUIGNOL.

Ah! nom d'un rat! parlez pas de si près... Il manque des dominos à votre jeu, &, quand vous êtes en colère, vous m'envoyez des postillons... comme un feu d'artifisfle... C'est pas cannant!

CANEZOU.

Le drôle m'insulte, mais il faut me contenir... Voulez-vous me payer, oui ou non?

GUIGNOL.

Oui.

CANEZOU.

Ah!

GUIGNOL.

Oui, je veux vous payer.... mais pas de pécuniaux (1).

CANEZOU.

De pécuniaux! Qu'est-ce que c'est que ça?

GUIGNOL.

Pas d'espinchaux.

CANEZOU.

Espinchaux!... Ces gens-là ont des manières de s'exprimer!

GUIGNOL.

Pas d'escalins.

CANEZOU.

Escalins!

GUIGNOL.

Pas de patars.

CANEZOU.

Patars!... Je ne vous comprends pas, expliquez-vous.

GUIGNOL.

Eh bien! y a rien dans le gousset.

(1) *Des pécuniaux;* de l'argent. — V. la note p. 149. *Le Duel.*

CANEZOU.

Vous n'avez pas d'argent? Je vous en ferai bien trouver.

GUIGNOL.

Vous me rendrez service, par exemple.

CANEZOU.

Vous avez un mobilier?

GUIGNOL.

Oui, oui, un mobilier de luxe. On m'en donnerait bien trente sous au Mont-de-Piété!

CANEZOU.

Vous avez une commode?

GUIGNOL.

Je l'ai plus : elle m'était devenue incommode... les logements sont si petits aujourd'hui.

CANEZOU.

Et votre miroir antique?

GUIGNOL.

Je l'ai vendu cet été... pour boire à la glace.

CANEZOU.

Vous aviez une garde-robe?

GUIGNOL.

Il était un peu caffé. Je l'a donné à un ébéniftre de la rue Raifin pour l'arranger; on a tout démoli dans cette rue & mon garde-robe avec.

CANEZOU.

Ta, ta, ta... Et votre table en noyer a-t-elle été démolie auffi?

GUIGNOL.

Non; mais un jour, on a mis la marmite deffus... La marmite fuyait, ça a fait un trou, & la table s'eft toute éclapée.

CANEZOU.

Vous me faites des contes à dormir debout.

GUIGNOL.

Vous avez bien raifon... Allons nous coucher!

CANEZOU.

Voyons, Monfieur Guignol, je veux être bon pour vous... Voulez-vous gagner vingt francs?

GUIGNOL.

Pour ça, je veux bien... Que faut-il faire?

CANEZOU.

Je vais vous l'expliquer... Vous me devez trois cent vingt francs pour neuf termes... Hé bien, je vous laisse quitte à trois cents francs... payez-les moi; c'est vingt francs que vous gagnez.

GUIGNOL.

Ah! c'est donc ça! Vous êtes un vieux malin, vous!... Eh ben, je veux bien; mais v'là comme nous allons nous arranger... Vous allez me donner les vingt francs en argent, & moi je vous donnerai mon billet pour les trois cent vingt... Vous aurez la signature Guignol.

CANEZOU.

Vous vous moquez de moi... Eh bien, je vous ferai changer de ton... je vais vous faire donner un commandement.

GUIGNOL.

Les commandements! ah! je connais ça; on me les a appris quand j'étais petit :

« Tes père & mère... »

CANEZOU.

Eh bien! il y en a un que vous avez oublié :

« Ton propriétaire tu paieras
« A Noël & à la Saint-Jean. »

GUIGNOL.

Ah! c'est pas comme ça qu'on me l'a appris :

« A ton vilain propriétaire tu donneras,
« A chaque terme, autant d'argent
   « Qu'on en donne à présent,
« Sur le pont Morand. »

CANEZOU.

Le drôle a réponse à tout... Voyons, je veux en terminer... Je vous donne quittance ; mais à une condition... une seule... videz les lieux !

GUIGNOL.

Ah! par exemple... c'est pas mon état... je travaille pas sur cette matière.

CANEZOU.

Eh bien ! je les ferai vider par l'huissier.

GUIGNOL.

Vous irez chercher vos huissiers à Vénissieux (1)!... Faudra ben toujours qu'ils se bouchent le nez en saisissant ça.

CANEZOU.

Décidément vous n'êtes qu'un fripon !

---

(1) Voyez, sur l'industrie de Vénissieux, la note p. 215 : *Un Dentiste*.

GUIGNOL.

Un fripon !... Venez donc me dire ça à deux pouces du bec !

CANEZOU.

Vous ne valez pas plus que votre ami Gnafron... un ivrogne, un vaurien qui me doit auſſi huit termes.

SCÈNE IV.

LES MÊMES, GNAFRON.

GNAFRON, *entrant & pouſſant M. Canezou.*

Qu'eſt-ce qui parle de moi, ici ?

CANEZOU.

Ah ! les canailles ! voilà comment vous me traitez... Je vais chercher les huiſſiers, le bailli, la maréchauſſée... (*Il ſort furieux.*)

SCÈNE V.

GUIGNOL, GNAFRON.

GNAFRON.

En quel ſiècle vivons-nous, mon pauvre Chignol ? Se voir inſulter en pleine rue par ſes créanciers !

GUIGNOL.

Te lui as fait prendre le chemin de fer?

GNAFRON.

Qué qu'il te voulait, le vieux grigou?

GUIGNOL.

Oh! des bêtises; il me demandait de l'argent... Je lui dois neuf termes...

GNAFRON.

Neuf termes!... & te lui as jamais rien donné?

GUIGNOL.

Rien.

GNAFRON.

Tiens! embrasse-moi!... Je t'ai toujours aimé, Chignol!... T'es le modèle des locataires!

GUIGNOL.

Oui, mais le vieux va revenir avec sa maréchaussée... T'es bien bon à donner un coup de main à un ami?

GNAFRON.

Y a assez longtemps que nous nous connaissons! Qué qu'y a à faire?

GUIGNOL.

Y a à boire une bouteille quand nous aurons fait changer d'air à mon bataclan qui eſt là-haut.

GNAFRON.

Comme ça, te prends la lune pour le ſoleil?

GUIGNOL.

Oui, oui .. je veux plus reſter dans cette maiſon... une baraque mal habitée... y a pas ſeulement un concierge...

GNAFRON.

Et ouſque tu vas?

GUIGNOL.

J'ai pas encore trouvé un logement qui me convienne... Les propriétaires ſont ſi ridicules... ils veulent tous des arrhes... T'as ben un coin à me prêter pour mettre mon bazar?

GNAFRON.

J'ai ma ſuſpente... elle a ſeize pieds carrés... mais, par exemple, elle eſt habitée...

GUIGNOL.

Habitée! eſt-ce que te loges des maçons, à préſent?

GNAFRON.

Non! mais y a une ménagerie... y a de cafards... j'en ai compté l'autre jour de quoi faire un régiment avec la musique... y a de z'aragnées... y a de puces, y a de bardanes (1).

GUIGNOL

Sois tranquille ; nous leur porterons de la société.

GNAFRON.

Commençons-nous tout de suite ?

GUIGNOL.

Oui, oui, en avant, & vivement !... Cependant, attention, Gnafron ! ménage mes porcelaines & mes bronzes d'art ! (*Il appelle.*) Madelon ! Madelon ! v'là le m'ment !

SCÈNE VI.

DÉMÉNAGEMENT. — *On voit paraître la Lune.*

GUIGNOL, GNAFRON & MADELON passent successivement sur le devant de la scène, en portant divers objets de ménage, & repassent ensuite dans le fond pour retourner au logement de Guignol. A chaque rencontre, ils échangent des lazzis.

Il est impossible d'écrire cette scène ; elle est essentiellement *à gusto*. Le temps, le lieu, les objets déménagés

---

(1) *Bardane;* punaise.

font varier sans cesse le thème sur lequel s'exerce la verve de l'artiste.

Dans le défilé figurent le plus souvent *un bois de lit* en fort mauvais état, *un matelas* idem, *une commode* sans tiroirs, *une poêle percée*, *une ouche* de boulanger d'une longueur démesurée, &c., &c. Cette série se clôt toujours par deux meubles indispensables, *la seringue* & *le pot de chambre*; & on devine, sans de grands efforts d'imagination, le texte des plaisanteries dont ils font l'objet.

A la fin du déménagement, Guignol voit venir la maréchaussée, & tous s'enfuient en criant : Sauve qui peut !

Suivant plusieurs manuscrits, l'arrivée de la maréchaussée termine la pièce. D'autres y ajoutent les scènes suivantes.

SCÈNE VII.

LE BAILLI, LE BRIGADIER, LE GENDARME, puis CANEZOU.

LE BAILLI, aux gendarmes.

Messieurs, lorsque l'immoralité a perverti tous les cœurs...

LE GENDARME.

Ah! Mossieu le Bailli, vous avez bien raison...

LE BRIGADIER.

Taisez-vous, cavalier ; laissez parler Mossieu le Bailli.

LE BAILLI.

Meſſieurs, lorſque l'immoralité...

Le Brigadier éternue.

LE GENDARME.

Ah! cette fois, brigadier, c'eſt vous qui interrompez Moſſieu le Bailli.

LE BAILLI.

Meſſieurs, lorſque l'immoralité... (*On entend aboyer un chien.*) Décidément je ne peux pas faire mon diſcours aujourd'hui... Mais, bah! je l'ai déjà fait pluſieurs fois, &...

CANEZOU, entrant.

Eh! bien, Meſſieurs, avez-vous mis le mobilier de ce drôle ſous la main de la juſtice?

LE BAILLI.

Nous vous attendions pour procéder... nous vous ſuivons.

CANEZOU.

Non, non! je préfère vous ſuivre moi-même; j'ai mes raiſons.

LE BAILLI.

Gendarme, montez au neuvième étage, chez le nommé Guignol; faites-vous ouvrir & avertiſſez-nous.

LE GENDARME monte. — Il paraît un instant après à la fenêtre, & dit :

Je trouve la porte ouverte & rien dans la maison.

CANEZOU.

Il n'y a rien ?

LE GENDARME.

Il y a un rat.

CANEZOU.

Oh ! le scélérat ! trop tard ! trop tard !... Mais il ne nous échappera pas... il reviendra certainement ici... Monsieur le Bailli, cachez-vous,... ou plutôt feignez de dormir en ces lieux... ne dormez que d'un œil ; guettez-le & emparez-vous de sa personne... Moi, je vais chercher du renfort. (*Il sort.*)

SCÈNE VIII.

LE BAILLI, LE BRIGADIER, LE GENDARME, PUIS GUIGNOL.

LE BAILLI.

Monsieur Canezou a raison... il faut saisir cet impudent qui s'est joué de nous... Plongeons-nous dans un sommeil feint.

Ils se couchent tous trois sur la rampe. — Guignol arrive & touche le bailli, qui se plaint d'avoir été frappé. — Les gendarmes se justifient. — Querelle. — Ils se recouchent.

Guignol reparait & frappe succeſſivement les deux gendarmes.
— Même jeu.

Puis il revient avec un bâton & fait tomber la toque du bailli.

Il plante le bâton devant la rampe; les gendarmes & le bailli tentent en vain de l'arracher. — Le bâton s'agite & se promène, &c., &c...

Enfin, Guignol les bat & les diſperſe.

Mais, au moment où il ſe félicite de ſon ſuccès & appelle Gnafron pour boire bouteille, M. Canezou revient avec le bailli & la maréchauſſée. — Guignol eſt ſaiſi.

SCÈNE IX.

GUIGNOL, M. CANEZOU, LE BAILLI, LE BRIGADIER, LE GENDARME.

CANEZOU.

Nous le tenons enfin.

LE BAILLI.

Il ne ſera pas dit qu'on ſe ſera impunément joué de nous. Conduiſez-le en priſon!

GUIGNOL.

En priſon!... Un m'ment! un m'ment! On ne mène pas en priſon un gone comme moi qu'à Givors a tiré du canal trois hommes qui ſe noyaient.

CANEZOU.

A Givors?

GUIGNOL.

Oui... y a douze ans... Y avait un papa à perruque qui vendait de la mort aux rats...

CANEZOU.

Arrêtez !... Ce jour-là, possédé de la passion de la pêche à la ligne, ce négociant avait jeté dans les flots du canal une ligne garnie d'un asticot dont les effets étaient irrésistibles :... Tout à coup le goujon biche..., le pêcheur donne un coup sec... Mais à ce moment un limaçon perfide & jaloux dirigeait ses pas dans ces lieux... le pied du pêcheur glisse... il tombe dans le canal...

GUIGNOL.

Vous le connaissez ?

CANEZOU.

Le limaçon ?

GUIGNOL.

Non ; le pêcheur ?

CANEZOU.

C'était moi.

GUIGNOL.

C'était vous ! ah !

CANEZOU.

Et mon sauveur ?

GUIGNOL.

C'était moi.

CANEZOU.

C'était vous! ah! dans mes bras, mon sauveur! dans mes bras! (*Ils s'embrassent.*)

LE BAILLI.

Arrêtez!... A ce moment, un homme, tourmenté par des malheurs domestiques, se promenait le long du canal en donnant un libre cours à ses mélancoliques pensées... La journée était orageuse... un vent glacial fouettait les feuilles des arbres & soulevait les ondes... Cet homme portait un parapluie feuille morte... Un coup de vent l'enlève & le fait tourbillonner dans les airs... Désolé de perdre ce compagnon de ses rêveries, cet homme s'élance & tombe dans le canal sur un pêcheur à la ligne qui s'était précipité à la recherche de sa proie.

GUIGNOL.

Vous connaissez cet homme?

LE BAILLI.

C'était moi.

GUIGNOL.

C'était vous! ah!

CANEZOU.

Et le pêcheur, c'était moi!

LE BAILLI.

C'était vous! Et mon sauveur?

GUIGNOL.

C'était moi.

LE BAILLI.

C'était vous! Ah! dans mes bras, mon sauveur!

CANEZOU.

Dans nos bras, notre sauveur! (*Ils s'embrassent.*)

LE BRIGADIER.

Arrêtez!... Ce jour-là, un jeune habitant de Rive-de-Gier, trouvant que le maître d'école de l'endroit avait quelque chose de monotone & de fastidieux dans son enseignement, l'avait planté là pour aller goûter les délices du bain dans le canal...

TOUS.

Ah!

LE BRIGADIER.

Il se livrait à une coupe gracieuse, lorsqu'il sent un instrument contondant lui dégringoler sur la nuque du cou... C'était un parapluie feuille morte.

SCÈNE IX.

TOUS.

Ah !

LE BRIGADIER.

Il s'apprêtait à le saisir... lorsqu'il reçoit sur le dos un particulier qui s'élançait à la poursuite de ce riflard...

TOUS.

Ah !

LE BRIGADIER.

C'en était trop... il succombe... & bientôt le canal aurait tout dévoré, si...

GUIGNOL.

Ce jeune habitant de Rive-de-Gier, vous le connaissez ?

LE BRIGADIER.

C'était moi.

GUIGNOL.

C'était vous ! ah !

LE BAILLI.

Et le parapluie, c'était moi.

LE BRIGADIER.

C'était vous !... Et mon sauveur ?

GUIGNOL.

C'était moi.

LE BRIGADIER.

C'était vous ! ah ! dans mes bras, mon sauveur !

LE BAILLI & CANEZOU.

Dans nos bras ! notre sauveur ! (*Ils s'embrassent.*)

LE GENDARME.

Arrêtez !... Moi, je ne suis pas tombé dans le canal... mais je voudrais en avoir goûté l'onde amère, Mossieu Guignol, pour avoir le droit de vous serrer dans mes bras. (*Ils s'embrassent tous.*)

LE BAILLI.

Voilà bien des reconnaissances !

CANEZOU.

La mienne ne finira jamais... Guignol, je vous fais remise de mes neuf termes... Et ce n'est pas tout : ma maison est désormais la vôtre, je vous la donne !...

GUIGNOL.

Allons, ça sert à quéque chose de savoir nager... C'est pas l'embarras que ça m'a donné pas mal d'agrément quand j'étais jeune... Je piquais une tête du pont de Pierre dans la Saône, à dix pas de la Mort-qui-Trompe...

Je descendais de Neuville à la Quarantaine en faisant la planche, & sur les quais le monde s'accoudaient sur le parapet pour me voir filer... Allons! me v'là propriétaire à présent... faut plus badiner... Je ferai payer d'avance, & je me méfierai de la lune.

AU PUBLIC.

AIR: *On dit que je suis sans malice.*

Bien souvent dans notre ménage
On voit que l'argent déménage.
Si on n'y met pas de ménagement,
On arrive au déménagement.
Mais, pour mériter vot' suffrage,
Guignol a b'soin qu'on l'encourage.
Il demand' vos applaudissements:
N'y mettez pas des ménagements (1).

FIN DU DÉMÉNAGEMENT.

---

(1) On croit que Mourguet grand-père avait dans son répertoire un *Déménagement*. C'est là, en effet, un sujet si essentiellement guignolesque, qu'on peut facilement supposer qu'il a été traité à l'origine du genre; mais l'exécution en est aussi essentiellement variable avec les circonstances de temps & de lieu, & il est probable qu'il reste aujourd'hui peu de chose de l'œuvre primitive. Au surplus, *le Déménagement* est une des pièces le plus constamment goûtées du répertoire, & la réputation d'un théâtre Guignol s'établit sur la manière dont elle y est jouée. C'est la sommité la plus ardue de la *commedia dell'arte*.

TABLE

	Pages.
INTRODUCTION.	v
LES COUVERTS VOLÉS, pièce en deux actes	3
LE POT DE CONFITURES, pièce en un acte	45
LES FRÈRES COQ, pièce en un acte	69
LE PORTRAIT DE L'ONCLE, pièce en un acte.	117
LE DUEL, pièce en un acte	147
LE MARCHAND DE VEAUX, pièce en un acte.	177
UN DENTISTE, fantaisie en un acte.	207
LE MARCHAND DE PICARLATS, pièce en deux tableaux	247
LES VALETS A LA PORTE, pièce en un acte.	279
LE DÉMÉNAGEMENT, fantaisie en un acte.	317

Lyon. — Impr. de Louis Perrin.

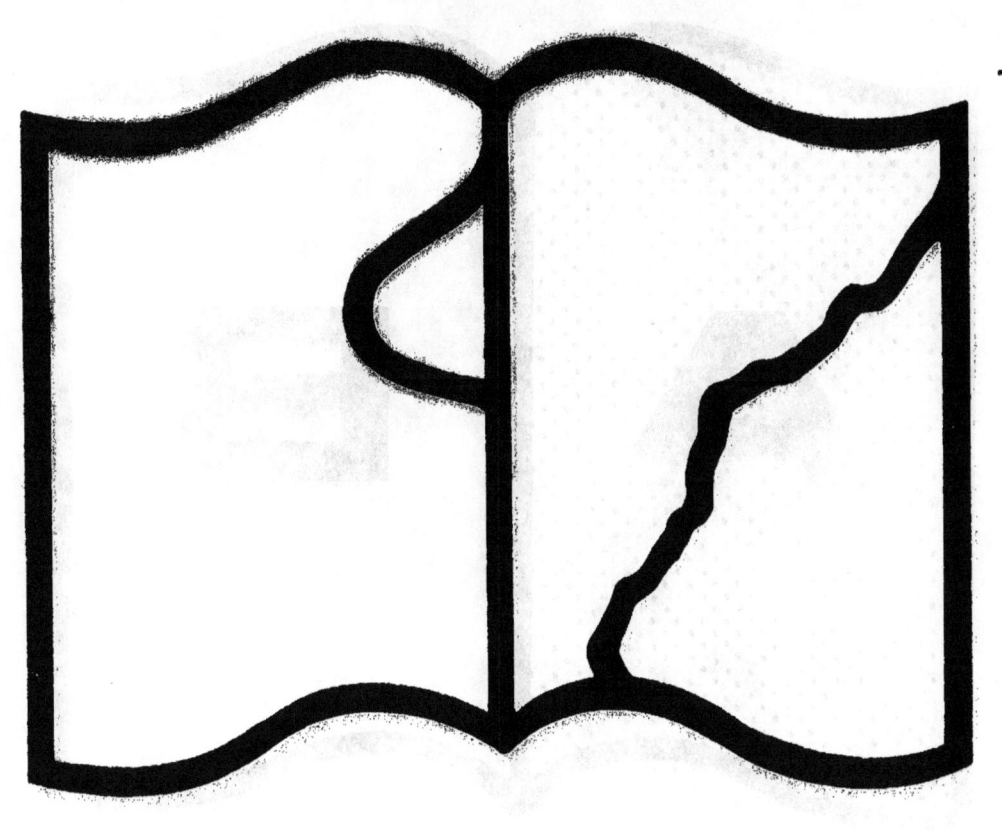

Texte détérioré — reliure défectueuse

NF Z 43-120-11

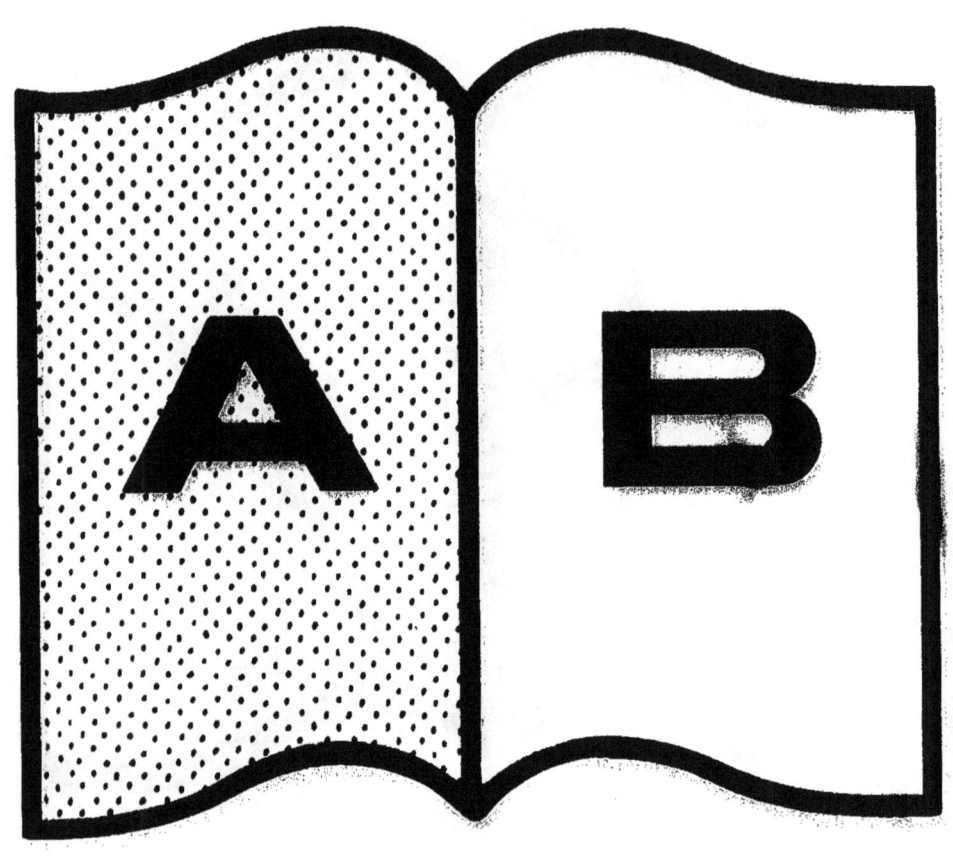

Contraste insuffisant

NF Z 43-120-14

www.ingramcontent.com/pod-product-compliance
Lightning Source LLC
Chambersburg PA
CBHW070455170426
43201CB00010B/1346